ESPAÑOL ESENCIAL 2

Fundamentals of Spanish

Stephen L. Levy

Former Head, Foreign Language Department
Roslyn (New York) Public Schools

AMSCO SCHOOL PUBLICATIONS, INC.
315 Hudson Street/New York, N.Y. 10013

In memory of Nunzia Graco:
Teacher, Mentor, Colleague, Friend.

Text and Cover Design by A Good Thing, Inc.
Illustrations by Felipe Galindo

Please visit our Web site at:
www.amscopub.com

When ordering this book, please specify *either* **R 737 W** *or*
ESPAÑOL ESENCIAL 2: FUNDAMENTALS OF SPANISH

ISBN   1-56765-490-8

NYC Item   56765-490-7

Preface

Español Esencial 2 has been prepared for students in their second year of Spanish-language study. It offers a comprehensive review and thorough understanding of the elements of the Spanish language generally covered in a second-year course. It can be used as a complement or supplement to any basal textbook series or solely for review and additional practice.

ORGANIZATION

Español Esencial 2 contains 18 chapters organized around related grammar topics. For ease of study and use, explanations of the grammatical concepts are presented concisely and clearly and are followed by examples that illustrate the concept. Care has been taken to avoid using complex structural elements and to present the practice exercises through contexts found in daily usage of the language.

EXERCISES

To maximize efficiency in learning, the exercises follow the grammatical explanations and examples. The exercises, which are set in functional and realistic contexts, provide meaningful practice of the concept and lead students to use the language in a real-life communicative manner. Many of the exercises are also personalized to stimulate original student response and meaningful assimilation and internalization of the concepts under study. Based on linguistic or visual cues, the exercises lend themselves to both oral and written practice of the language. The last exercise in each chapter is open-ended to provide students with the opportunity to express themselves and to voice their personal opinions in Spanish within the scope of the concept under study.

VOCABULARY

The vocabulary used in this book has been carefully controlled and is systematically recycled throughout subsequent chapters. The vocabulary topics are those most frequently found in a second-year Spanish course. Where more extended or broader vocabulary is used in an exercise, it is preceded by a **Para Expresarse Mejor** section, in which the vocabulary for the exercise is presented. A Spanish-English vocabulary is included at the back of the book.

FLEXIBILITY AND OTHER FEATURES

The topical organization and the concise explanations followed by examples found in each chapter enable the teacher to follow any sequence suitable to the needs of the students and the objectives of the course. This flexibility is facilitated by the detailed table of contents at the front of the book. The Appendix features complete model verb tables and the principal parts of common irregular verbs that are covered in the book, as well as rules of Spanish punctuation, syllabication, and stress.

Students and teachers will find the organization and layout of the book to be easy to follow and suitable and flexible to their individual needs. Its basic design is to facilitate and provide communicative use of the language while mastering the basic structures that are needed for meaningful communication to occur.

The Author

Contents

1. **The Present Tense of Regular Verbs**   *1*
   1 Regular Verbs
   2 Verbs with Stem Changes
   3 Verbs with Spelling Changes

2. **The Present Tense of Irregular Verbs**   *13*
   1 Verbs with Irregular *YO*-Forms
   2 Verbs with Irregular Present-Tense Forms

3. **Commands**   *19*
   1 Formal Commands
   2 Informal Commands
   3 *NOSOTROS* Commands
   4 Position of Object Pronouns with Commands

4. **Object Pronouns**   *30*
   1 Direct-Object Pronouns
   2 Indirect-Object Pronouns
   3 Indirect-Object Pronouns with *GUSTAR*
   4 Double-Object Pronouns

5. **Nouns and Articles**   *42*
   1 Nouns
   2 Articles

6. **Adjectives**   *53*
   1 Agreement of Adjectives
   2 Position of Adjectives
   3 Adjectives with Shortened Forms

7. **Prepositions**   *61*
   1 Prepositions
   2 Prepositional Phrases
   3 *PARA* and *POR*
   4 Prepositional Pronouns
   5 Verbs Followed by Prepositions

8. **The Preterit Tense**   *76*
   1 The Preterit of Regular Verbs
   2 The Preterit of Verbs with Stem-Changes
   3 The Preterit of Verbs with Spelling Changes
   4 The Preterit of Irregular Verbs

9. **The Imperfect Tense**   *87*
   1 The Imperfect Tense of Regular Verbs
   2 Verbs Irregular in the Imperfect Tense
   3 The Preterit vs. the Imperfect

10. **Reflexive Verbs**   *95*
    1 Reflexive Constructions in Simple Tenses
    2 Reflexive Verbs in Compound Constructions
    3 Commands with Reflexive Verbs
    4 The Impersonal (Passive) Use of *SE*

11. **Demonstrative Adjectives; Possessive Adjectives; Adjectives as Pronouns**   *105*
    1 Demonstrative Adjectives
    2 Possessive Adjectives
    3 Adjectives as Pronouns

12. ***SER* and *ESTAR*; Contractions *AL* and *DEL***   *112*
    1 Uses of *SER*
    2 Uses of *ESTAR*
    3 Contractions *AL* and *DEL*

13. **The Past Participle; Compound Tenses**   *120*
    1 The Past Participle
    2 The Present-Perfect Tense
    3 The Pluperfect Tense
    4 The Past Participle as an Adjective

14. Adverbs; Comparisons   *127*
   1 Adverbs
   2 Comparisons

15. The Future and the Conditional Tenses   *140*
   1 The Future Tense
   2 The Conditional Tense

16. Negation   *148*
   1 Principal Negatives and Their Opposite Affirmatives
   2 Frequently Used Negative Expressions

17. The Subjunctive Mood   *156*
   1 The Present-Tense Subjunctive
   2 The Present-Perfect Subjunctive
   3 Uses of the Subjunctive Mood Tenses

18. Formation of Questions; Interrogative and Exclamatory Words   *170*
   1 Formation of Questions
   2 Interrogative Words
   3 Exclamatory Words

Appendix   *177*
   1 Regular Verbs
   2 Stem-Changing Verbs
   3 Spelling-Changing Verbs
   4 Irregular Verbs
   5 Punctuation
   6 Syllabication
   7 Pronunciation

Spanish-English Vocabulary   *191*

CHAPTER 1
The Present Tense of Regular Verbs

In Spanish, all verbs belong to one of three conjugations. The conjugation to which they belong is determined by the verb ending: -ar, -er, or -ir.

1.   Regular Verbs

The present tense of regular verbs is formed by dropping the infinitive ending (-ar, -er, or -ir) and adding the following personal endings, respectively: -o, -as, -a, -amos, -áis, -an; -o, -es, e, -emos, -éis, -en; and -o, es, -e, -imos, -ís, -en.

	gritar to shout	vender to sell	decidir to decide
yo	grito	vendo	decido
tú	gritas	vendes	decides
Ud., él, ella	grita	vende	decide
nosotros, -as	gritamos	vendemos	decidimos
vosotros, -as	gritáis	vendéis	decidís
Uds., ellos, ellas	gritan	venden	deciden

NOTE: 1. The present tense has the following meanings in English:

Yo *grito.*	*I shout. / I'm shouting. / I do shout.*
Tú *vendes.*	*You sell. / You're selling. / You do sell.*
Ellos *deciden.*	*They decide. / They're deciding. / They do decide.*

2. Subject pronouns are frequently omitted in Spanish because the ending of the verb indicates who is performing the action. They are used to emphasize or contrast the subject of the verb.

¿Dónde trabajan *ellos?*	*Where do they work?*
Él **trabaja en Madrid, pero** *ella* **trabaja en Toledo.**	*He works in Madrid, but* *she works in Toledo.*

3. There are four ways to express you in Spanish. *Tú* and *vosotros(-as)*, the familiar or informal forms, are used when addressing close relatives, intimate friends, or small children. *Usted* (*Ud.*) and *ustedes* (*Uds.*), the formal forms, are used when addressing strangers and elders. In most Spanish-American countries, *ustedes* is used instead of *vosotros*.

4. In a negative statement, no follows the subject and goes immediately before the verb.

Ellos *no* **venden la casa.**	*They aren't selling in the house.*

5. In a question, the subject usually follows the verb.

¿Venden *ellos* la casa?   *Are they selling the house?*

¿No venden *ellos* la casa?   *Aren't they selling the house?*

EXERCISE A   **En el parque**   Tell what these people do during a visit to the park.

EXAMPLE: la muchacha / practicar el yoga   La muchacha **practica** el yoga.

1. Daniel / correr con sus amigos   _____

2. Elisa y yo / subir en los columpios   _____

3. los niños / espantar a los pájaros   _____

4. los señores / admirar las flores   _____

5. el bebé / saludar a un perro   _____

6. yo / montar en bicicleta   _____

7. un señor / vender globos   _____

8. tú / descubrir la naturaleza   _____

EXERCISE B   **Un día de trabajo**   Janet is describing what her co-workers do in the office. Express what she says.

PARA EXPRESARSE MEJOR

archivar *to file*   **el jefe** *boss*

la carpeta *(file) folder*   **la junta** *meeting*

la correspondencia *correspondence*   **el sobre** *envelope*

firmar *to sign*   **la telefonista** *telephone operator*

EXAMPLE: la telefonista / contestar el teléfono   La telefonista **contesta** el teléfono.

1. la secretaria / leer la correspondencia   _____

2. Alfredo / trabajar en la computadora   _____

3. el jefe / asistir a una junta   _____

4. yo / responder a muchas preguntas   _____

5. tú / archivar los contratos   _____

6. el señor Vilar / firmar las cartas   _____

7. Nora y Luis / meter las cartas en los sobres   _____

8. Roberta y yo / buscar una carpeta   _____

EXERCISE C   **Muchas actividades**   Combine the words in both columns to tell who does these activities.

Emilio	asistir a muchas fiestas
yo	comprar la comida
tú	aprender a conducir
mis amigos y yo	leer el periódico a diario
mi hermana	visitar al médico
mi madre	esconder los huesos
mi abuelo	trabajar después de las clases
los perros	escribir muchas cartas
mi padre	viajar mucho

EXAMPLE: Emilio **viaja** mucho.

1. _____

2. _____

3. _____

4. _____

5. _____

6. _____

7. _____

8. _____

2.   Verbs with Stem Changes

a.   *-AR* and *-ER* Verbs

1. Many verbs that contain *e* in the stem change the *e* to *ie* in all present tense forms except those for *nosotros* and *vosotros*.

2. Many verbs that contain *o* in the stem change the *o* to *ue* in all present tense forms except those for *nosotros* and *vosotros*.

3. *Atravesar* (to cross), *perder* (to lose), *recordar* (to remember), and *mover* (to move) have regular endings in the present tense.

	atravesar	perder	recordar	mover
yo	atravieso	pierdo	recuerdo	muevo
tú	atraviesas	pierdes	recuerdas	mueves
Ud., él, ella	atraviesa	pierde	recuerda	mueve
nosotros, -as	atravesamos	perdemos	recordamos	movemos
vosotros, -as	atravesáis	perdéis	recordáis	movéis
Uds., ellos, ellas	atraviesan	pierden	recuerdan	mueven

NOTE: This change occurs in the syllable immediately before the verb ending.

Common Verbs with Stem Changes: *e* to *ie*

cerrar *to close*		**entender** *to understand*	
comenzar *to begin*		**nevar** *to snow*	
confesar *to confess*		**pensar** *to think; to intend*	
defender *to defend*		**querer** *to want; to wish; to love*	
empezar *to begin*		**recomendar** *to recommend*	

Common Verbs with Stem Changes: *o* to *ue*

almorzar *to have (eat) lunch*	**morder** *to bite*
contar *to count*	**mostrar** *to show*
costar *to cost*	**poder** *to be able, can*
devolver *to return, to give back*	**probar** *to prove, to try, to test*
encontrar *to find, to meet*	**sonar** *to sound*
envolver *to wrap up*	**volar** *to fly*
jugar (**u** to **ue**) *to play (a sport or game)*	**volver** *to return*
llover *to rain*	

b. *-IR* Verbs

1. Some *-ir* verbs that contain an *e* in the stem change the *e* to *ie* or to *i* in all present tense forms, except those for *nosotros* and *vosotros*.

2. Some *-ir* verbs that contain an *o* in the stem change the *o* to *ue* in all present tense forms, except those for *nosotros* and *vosotros*.

    NOTE: The change occurs in the syllable that precedes the verb ending.

3. The verbs *preferir* (to prefer), *dormir* (to sleep), and *medir* (to measure) have regular endings in the present tense.

	preferir *to prefer*	dormir *to sleep*	medir *to measure*
yo	prefiero	duermo	mido
tú	prefieres	duermes	mides
Ud., él, ella	prefiere	duerme	mide
nosotros, -as	preferimos	dormimos	medimos
vosotros, -as	preferís	dormís	medís
Uds., ellos, ellas	prefieren	duermen	miden

Common Verbs with Stem Changes: *e* to *ie*

mentir *to lie*	**sentir** *to regret, to be sorry; to feel*
referir *to tell; to narrate*	

Common Verbs with Stem Changes: *o* to *ue*

morir(se) *to die*

Common Verbs with Stem Changes: *e* to *i*

despedirse (de) *to take leave (of),*
  to say goodbye (to)

impedir *to prevent*

pedir *to ask for, request; to order (food)*

reír(se) *to laugh*

reñir *to quarrel; to scold*

repetir *to repeat*

servir *to serve*

sonreír(se) *to smile*

vestirse *to get dressed, to dress (oneself)*

NOTE: *Reír* and *sonreír* have an accent mark over the *i* in all the present tense forms: *río, ríes, ríe, reímos, reís, ríen.*

EXERCISE D   **Costumbres** Tell who does or doesn't do the following things.

EXAMPLE: el señor Pérez / no perder las llaves   El señor Pérez no **pierde** las llaves.

1. Gregorio / no pensar antes de hablar

   _____

2. mi abuelo / almorzar en un café todos los días

   _____

3. yo / comenzar a hablar bien el español

   _____

4. tú y yo / atravesar toda la ciudad para llegar a la escuela

   _____

5. los gemelos / dormir la siesta por la tarde

   _____

6. mi tía Amelia / no recordar los nombres de sus sobrinos

   _____

7. tú / no envolver los regalos

   _____

8. las señoras / temblar al ver un ratoncito

   _____

9. el carpintero / medir la madera antes de cortarla

   _____

10. el equipo / jugar al fútbol el sábado

   _____

EXERCISE E   **Mis padres y las compras** Janet is telling about her mother's shopping habits. Help her complete it by providing the appropriate form of the verbs indicated.

Cuando anuncian una fiesta, mi mamá _____ a decir que necesita un vestido
                                           1. (empezar)

nuevo. Es entonces cuando mis papás _____ . Mi papá nunca _____
                                          2. (reñirse)   3. (querer)

ir de compras con ella porque él _____ al ver cuánto _____ los
                                      4. (temblar)   5. (costar)

vestidos. Y cuando él _____ estas experiencias, él _____ que ellos
                          6. (referir)   7. (pensar)

_____ demasiado tiempo en la tienda. Él también _____ que mi
     8. (perder)   9. (pensar)

mamá ya tiene muchos vestidos bonitos que ella _____ usar para la fiesta.
                                                    10. (poder)

Sin embargo, ellos van de compras. Mis hermanos y yo no _____ acompañarlos.
                                                             11. (querer)

En la tienda mi mamá le _____ ayuda a una dependiente. Mis papás
                            12. (pedir)

_____ en una silla y la dependiente les _____ muchos vestidos.
   13. (sentarse)   14. (mostrar)

Mi mamá nunca _____ los colores que _____ pero _____
                  15. (recordar)   16. (preferir)   17. (probarse)

todos los vestidos que las dependientes le _____ . Según mi papá, ella nunca
                                               18. (mostrar)

_____ decidir qué vestido le gusta más. Por fin ellos _____ de las
   19. (poder)   20. (despedirse)

dependientes porque la tienda se _____ . Ellos _____ a casa con dos
                                     21. (cerrar)   22. (volver)

vestidos. Al día siguiente mi mamá _____ temprano y _____ uno
                                       23. (despertarse)   24. (devolver)

de los vestidos. Mis hermanos y yo _____ .
                                       25. (reír)

EXERCISE F   **Preguntas**   Answer the questions a new friend asks you.

1. ¿Te despiertas temprano todos los días?

   _____

2. ¿Te acuestas tarde?

   _____

3. ¿Empiezas proyectos y no los terminas?

   _____

4. ¿Devuelves pronto lo que pides prestado?

   _____

5. ¿Recuerdas las fechas importantes de tu familia?

   _____

6. ¿Puedes hacer dos cosas a la misma vez?

   _____

7. ¿Sonríes mucho?

_____

8. ¿Repites los errores que cometes?

_____

c. *-IAR* and *-UAR* Verbs

Some verbs ending in *-iar* and *-uar* have a written accent mark on the *i* (*í*) or the *u* (*ú*) in all present tense forms, except those for *nosotros* and *vosotros*.

	guiar *to guide, to drive (a vehicle)*	**actuar** *to act*
yo	guío	actúo
tú	guías	actúas
Ud., él, ella	guía	actúa
nosotros, -as	guiamos	actuamos
vosotros, -as	guiáis	actuáis
Uds., ellos, ellas	guían	actúan

NOTE: The following verbs are exceptions and have no accents on the *i* or the *u*.

anunciar *to announce*   **iniciar** *to start*
averiguar *to find out*   **limpiar** *to clean*
cambiar *to change*   **odiar** *to hate*
copiar *to copy*   **principiar** *to start*
estudiar *to study*   **pronunciar** *to pronounce*

Verbs Like GUIAR and ACTUAR

confiar (en) *to rely (on), to confide (in)*   **continuar** *to continue*
enviar *to send*   **graduarse** *to graduate*
resfriarse *to catch a cold*   **situar** *to place, to locate*

d. *-UIR* Verbs

Verbs ending in *-uir* (but not *-guir*) insert a *y* in the stem before the present tense endings of all forms except those for *nosotros* and *vosotros*.

concluir *to conclude*			
yo	concluyo	**nosotros, -as**	concluimos
tú	concluyes	**vosotros, -as**	concluís
Ud., él, ella	concluye	**Uds., ellos, ellas**	concluyen

Common *-UIR* Verbs

construir *to construct, to build*   **destruir** *to destroy*
contribuir *to contribute*   **distribuir** *to distribute*

huir *to flee*   **influir** *to influence*
incluir *to include*   **sustituir** *to substitute*

EXERCISE G   **Amigas de confianza** (Close friends)   Gloria and Raquel have been friends since nursery school. Complete the paragraph below with the appropriate form of the verbs indicated.

Gloria siempre dice: — «Raquel es mi mejor amiga. Yo _____ mucho en ella. Yo le
                                                      1. (confiar)

_____ muchas cosas en confianza. Desde la niñez, cada una _____
2. (contar)   3. (incluir)

a la otra en muchas celebraciones familiares.»

Las dos amigas _____ de la escuela secundaria. Ahora la rutina de su vida
                  4. (graduarse)

_____ mucho. Raquel _____ sus estudios en una universidad que
5. (variar)   6. (continuar)

se _____ cerca de la casa. Gloria _____ estudiando también pero no
   7. (situar)   8. (seguir)

en la misma universidad. Ahora las dos amigas _____ mensajes electrónicos
                                                9. (enviar)

que _____ sus pensamientos sobre esta nueva época de su vida.
    10. (incluir)

Ellas _____ los mensajes electrónicos por las llamadas telefónicas. La tecnología
      11. (sustituir)

_____ mucho en la vida de las dos amigas pero no _____ su amistad.
12. (influir)   13. (destruir)

Cuando ellas _____ sus estudios, ellas _____ hacer un viaje a Europa.
             14. (concluir)   15. (pensar)

EXERCISE H   **El teatro infantil** (Children's theater)   Answer the questions that a student from the school newspaper asks you about the Spanish Club's plan to present a play at the elementary school.

> ## PARA EXPRESARSE MEJOR
>
> **el escenario** *stage*   **la obra de teatro** *play*
> **el folleto** *flyer*   **el reparto** *cast*

1. ¿Quién actúa en la obra de teatro? (*todos los socios*)

   _____

2. ¿Quién construye el escenario? (*Víctor, Lucy y yo*)

   _____

3. ¿Quién distribuye los folletos? (*tú*)

   _____

4. ¿Quién sustituye por Elena? (*Nancy*)

_____

5. ¿Qué incluyes en el programa? (*el reparto*)

_____

6. ¿Quién influye a los estudiantes? (*la maestra*)

_____

7. ¿Quién contribuye los refrescos? (*los padres*)

_____

8. ¿Quién huye cuando hay mucho trabajo? (*yo*)

_____

3. Verbs with Spelling Changes

a. *-CER* and *-CIR* Verbs

Most *-cer* and *-cir* verbs have the ending *-zco* in the *yo*-form of the present tense. This pattern occurs only if a vowel precedes the *c* in the infinitive.

	conocer *to know*	conducir *to lead, to drive*
yo	conozco	conduzco
tú	conoces	conduces
Ud., él, ella	conoce	conduce
nosotros, -as	conocemos	conducimos
vosotros, -as	conocéis	conducís
Uds., ellos, ellas	conocen	conducen

NOTE: If a consonant precedes the *c* in the infinitive, the ending *-zo* is used in the *yo*-form of the present tense.

convencer *to convince*			
yo	convenzo	nosotros, -as	convencemos
tú	convences	vosotros, -as	convencéis
Ud., él, ella	convence	Uds., ellos, ellas	convencen

-CER Verbs Like *conocer*

agradecer *to thank (for)*   **ofrecer** *to offer*

aparecer *to appear*   **parecer** *to seem*

desaparecer *to disappear*   **permanecer** *to remain*

merecer *to deserve*   **pertenecer** *to belong*

nacer *to be born*   **reconocer** *to recognize*

-*CIR* Verbs Like *conducir*

producir *to produce*   **traducir** *to translate*
reducir *to reduce*

-*CER* Verbs Like *convencer*

ejercer *to exert, to exercise, to practice (a profession)*
vencer *to conquer, to defeat*

NOTE: The verbs *hacer* and *decir* are exceptions.

EXERCISE I   **Muchas gracias** A popular Spanish teacher is being honored on his retirement by his students. Complete his statement with the appropriate forms of the verbs indicated.

Yo _____ 1. (aparecer) aquí hoy porque Uds. _____ 2. (reconocer) mi trabajo y me _____ 3. (ofrecer) un premio muy distinguido. A mí me _____ 4. (parecer) que yo no _____ 5. (merecer) ese premio. Yo _____ 6. (pertenecer) a una generación que _____ 7. (ejercer) la profesión de maestro porque le gusta. Yo les _____ 8. (agradecer) este honor con mucha humildad. Muchas gracias.

EXERCISE J   **¿Quién hace eso?** (Who does that?) Tell who does the following things.

EXAMPLE: el intérprete / traducir lo que oye   El intérprete **traduce** lo que oye.

1. los choferes / obedecer las señales de tráfico

   _____

2. el obrero / pertenecer a un sindicato

   _____

3. los guías / conocer bien los sitios de interés de una ciudad

   _____

4. el empleado bueno / merecer un aumento de sueldo

   _____

5. yo / agradecer los regalos que recibo

   _____

6. el político / convencer al público

   _____

7. los actores / aparecer en el escenario

   _____

8. los dramaturgos / producir obras de teatro

---

b. *-GER* and *-GIR* Verbs

Most verbs whose infinitives end in *-ger* and *-gir* have the ending *-jo* in the *yo*-form of the present tense. This pattern occurs to preserve the original sound in accordance with the rules of Spanish pronunciation.

	escoger *to choose*	dirigir *to direct*
yo	escojo	dirijo
tú	escoges	diriges
Ud., él, ella	escoge	dirige
nosotros, -as	escogemos	dirigimos
vosotros, -as	escogéis	dirigís
Uds., ellos, ellas	escogen	dirigen

Common *-GER* and *-GIR* Verbs

coger *to seize, to catch*
proteger *to protect*
recoger *to pick up, to gather*

corregir (i) *to correct*
dirigirse *to make one's way toward, to address*
elegir (i) *to elect*

c. *-GUIR* Verbs

Most verbs ending in *-guir* have the ending *-go* in the *yo*-form of the present tense. This pattern occurs to preserve the original sound in accordance with the rules of Spanish pronunciation.

extinguir *to extinguish*			
yo	extingo	**nosotros, -as**	extinguimos
tú	extingues	**vosotros, -as**	extinguís
Ud., él, ella	extingue	**Uds., ellos, ellas**	extinguen

Common *-GUIR* Verbs

conseguir (i) *to get, to obtain, to succeed in*
distinguir *to distinguish*

perseguir (i) *to pursue*
seguir (i) *to follow, to continue*

EXERCISE K   **En un mundo perfecto** (In a perfect world) You are reflecting on what happens in a perfect world. Express your thoughts on the following practices.

EXAMPLE: todo el mundo / seguir las leyes   Todo el mundo **sigue** las leyes.

1. yo / distinguir entre el bien y el mal

---

2. los ciudadanos / elegir al mejor candidato

---

3. la policía / perseguir a los criminales

_____

4. cada persona / proteger el ambiente

_____

5. yo/ escoger una carrera buena

_____

6. tú y yo / corregir los errores que cometemos

_____

7. todo el mundo / recoger la basura que produce

_____

8. tú/ conseguir todos tus propósitos

_____

| EXERCISE L | **Un día libre** (A day off)   There was a heavy snowfall during the night and everything in the city is shut down. Write a paragraph of ten sentences in which you describe how you spend this unexpected day off. Use as many of the *-ar, -er,* and *-ir* verbs presented in this chapter, including those with stem changes and spelling changes. |

_____

_____

_____

_____

_____

_____

_____

_____

_____

CHAPTER 2
The Present Tense of Irregular Verbs

1. Verbs with Irregular *YO*-Forms

a. In the present tense, the following verbs have irregular *yo*-forms.

caber *to fit*	*quepo*, **cabes, cabe, cabemos, cabéis, caben**
dar *to give*	*doy*, **das, da, damos, dais, dan**
hacer *to make, to do*	*hago*, **haces, hace, hacemos, hacéis, hacen**
poner *to put, to place*	*pongo*, **pones, pone, ponemos, ponéis, ponen**
saber *to know*	*sé*, **sabes, sabe, sabemos, sabéis, saben**
salir *to go out, to leave*	*salgo*, **sales, sale, salimos, salís, salen**
valer *to be worth*	*valgo*, **vales, vale, valemos, valéis, valen**
ver *to see, to watch*	*veo*, **ves, ve, vemos, veis, ven**

b. The *yo*-forms of *caer* and *traer* have an *i* between the stem and the ending (*-go*). Their other forms are regular.

caer *to fall*	**caigo, caes, cae, caemos, caéis, caen**
traer *to bring*	**traigo, traes, trae, traemos, traéis, traen**

EXERCISE A **Una cena especial** Everyone is pitching in to prepare a special dinner. Tell what each person puts on the buffet table.

EXAMPLE: la abuela / arroz con pollo   La abuela **pone** arroz con pollo.

1. mi tía / sopa caliente _____

2. yo / el postre _____

3. Loretta y Pat / gazpacho _____

4. mi mamá / pavo _____

5. Ginny y yo / la ensalada _____

6. tú / verduras _____

7. Nanette y Chris / carne asada _____

EXERCISE B **La hora de salir** It's 5:00 P.M. Tell what these people are doing using the verb *salir*.

EXAMPLE: mi papá / la oficina   Mi papá **sale de** la oficina.

1. los empleados / la fábrica _____

2. el piloto / el aeropuerto _____

3. los fanáticos de béisbol / el estadio _____

4. yo / el club deportivo _____

5. el médico / el hospital _____

6. tú / el almacén _____

7. Rita y yo / el cine _____

EXERCISE C   **La caridad** (Charity)   The school is running a clothing drive for a local charity. Tell what each person gives.

EXAMPLE: Stella / un abrigo   Stella **da** un abrigo.

1. yo / un impermeable _____

2. Rogelio y Evan / unos suéteres _____

3. tú / un par de zapatos _____

4. Uds. / pantalones _____

5. Nilda / guantes _____

6. Kira y yo / cuatro camisetas _____

EXERCISE D   **¡Ya lo sé!** (I already know it!)   Amanda is proudly telling her parents what she knows after her first week in kindergarten. Express what she says.

EXAMPLE: el alfabeto   Yo ya **sé** el alfabeto.

1. contar de uno a veinte _____

2. leer muchos cuentos _____

3. cantar una canción en español _____

4. los nombres de los colores _____

5. distinguir entre un círculo y un triángulo _____

EXERCISE E   **¡Vamos a acampar!** (Let's go camping!)   A group of friends are going on a weekend camping trip. Tell what each one brings.

PARA EXPRESARSE MEJOR

la brújula compass	**la mochila** backpack, knapsack
la estufa portátil portable stove	**el saco de dormir** sleeping bag
la linterna lantern	**la tienda** tent

EXAMPLE: Ricardo / la linterna   Ricardo **trae** la linterna.

1. yo / el saco de dormir   _____

2. Luis y Felipe / la tienda   _____

3. Gustavo y yo / la estufa portátil   _____

4. Ricardo y tú / la comida   _____

5. tú / la brújula   _____

6. todo el mundo / la mochila   _____

EXERCISE F   ¿**Qué hacen?** Tell what these people are doing. Use the verb *hacer* in your responses.

EXAMPLE: Kim / planes para las vacaciones   Kim **hace** planes para las vacaciones.

1. Elena y Tina / un pastel

_____

2. tú / un regalo original para tu hermano

_____

3. yo / cita con el dentista

_____

4. mis padres / una visita a mis abuelos

_____

5. Ud. y yo / muchas preguntas en la clase de matemáticas

_____

6. mi tío / la maleta para un viaje

_____

EXERCISE G   **Reflexiones** The teacher asks the class to reflect on different things they have learned. Complete their statements with the appropriate form of the verbs indicated.

1. Cuando las hojas _____ de los árboles nosotros _____ que _____ el otoño.
   (caer)   (saber)   (ser)

2. Por la noche yo _____ de la casa y _____ todas las estrellas que _____ en
   (salir)   (ver)   (estar)
   el cielo.

3. El cielo _____ muy grande pero yo no _____ como tantas estrellas _____
   (ser)   (saber)   (caber)
   en él.

4. Cuando yo —————— todas las cosas en su lugar en mi cuarto, el cuarto —————— más
   (poner)   (ser)

   grande y —————— la pena.
              (valer)

5. Yo —————— más como ciudadano cuando yo le —————— ayuda a otro ciudadano.
        (valer)   (dar)

2.   Verbs with Irregular Present-Tense Forms

The following verbs are irregular in the present tense:

decir *to say, to tell*	*digo,* **dices, dice, decimos, decís, dicen**
estar *to be*	*estoy,* **estás, está, estamos, estáis, están**
ir *to go*	*voy,* **vas, va, vamos, vais, van**
oír *to hear*	*oigo,* **oyes, oye, oímos, oís, oyen**
ser *to be*	*soy,* **eres, es, somos, sois, son**
tener *to have*	*tengo,* **tienes, tiene, tenemos, tenéis, tienen**
venir *to come*	*vengo,* **vienes, viene, venimos, venís, vienen**

NOTE: 1. *Ir* is conjugated like *dar: voy, vas, va, vamos, vais, van.*

2. *Estar* is irregular in the *yo*-form and has a written accent in the other forms, except *nosotros.*

3. *Tener* and *venir* are conjugated in a similar manner.

EXERCISE H   ¿**Adónde vamos?** Everyone has something different to do and is off to a different place. Tell where everyone is going.

EXAMPLE: María / el ensayo del coro   María **va al** ensayo del coro.

1. Jim / el partido de fútbol   _____

2. yo / de compras   _____

3. Uds. / a la piscina   _____

4. Martín y yo / a casa de unos amigos   _____

5. tú / el centro de discos   _____

6. Rosalinda y Brenda / a una fiesta   _____

EXERCISE I   **Muchas preguntas** When Javier goes out with a group of friends, he always takes charge and asks many questions. Answer the questions he asks using the cues provided.

1. ¿Tiene Mirta ganas de ir al cine? (*sí*)

_____

2. ¿Tienen Uds. hambre ahora? (*no*)

_____

3. ¿Tienen Luke y su hermano que estar en casa temprano? (*no*)

_____

4. ¿Adela, tienes sueño? (*no*)

_____

5. ¿Cuántos años tienes tú, Felipe? (*17*)

_____

6. ¿Quién tiene buena suerte? (*Manny y yo*)

_____

7. ¿Regina, tienes prisa hoy también? (*sí*)

_____

8. ¿Quiénes tienen miedo de los insectos? (*Alberto y yo*)

_____

EXERCISE J **El mercado al aire libre** (The open-air market) Annie goes to an outdoor market and sees something she likes. Complete her story with the appropriate form of the verbs indicated.

Cuando yo ————— a los mercados al aire libre, yo ————— muchas cosas para
$\qquad$ 1. (ir) $\qquad$ 2. (ver)

comprar. Yo ————— interés en una mesa que ————— allí. El vendedor —————
3. (tener) $\qquad$ 4. (estar) $\qquad$ 5. (ser)

muy simpático y ————— mucho de los muebles que vende. Él ————— que la mesa
6. (saber) $\qquad$ 7. (decir)

————— muy antigua y ————— mucho más de los cien dólares que pide.
8. (ser) $\qquad$ 9. (valer)

————— tarde y el vendedor y su esposa ————— cansados y ————— ganas
10. (es) $\qquad$ 11. (estar) $\qquad$ 12. (tener)

de volver a casa. Pero yo ————— un problema: yo no ————— si la mesa —————
13. (tener) $\qquad$ 14. (saber) $\qquad$ 15. (caber)

en el carro. Si la ————— en el techo del carro, yo ————— miedo de que se caiga. No
16. (poner) $\qquad$ 17. (tener)

importa porque me gusta mucho. Yo le ————— los cien dólares al señor y yo —————
18. (dar) $\qquad$ 19. (salir)

del mercado. Ahora el señor ————— muy contento y yo ————— contenta también.
20. (estar) $\qquad$ 21. (estar)

EXERCISE K   **Un viaje**   Write a paragraph of ten sentences in which you talk about a trip you want to make. You may wish to include the destination, departure date, date you come back, your reason for going, what you know about the place, what you need to do, and other things. Use as many of the irregular verbs in this chapter as you can.

_____

_____

_____

_____

_____

_____

_____

_____

_____

_____

CHAPTER 3
Commands

1. Formal Commands

Formal commands (*Ud., Uds.*) are used with persons you would normally address with *Ud.* (adults, strangers).

a. The formal command of regular, stem-changing, and some irregular verbs is formed from the stem of the *yo*-form of the present tense. The ending changes as follows:

-ar verbs: *-e* for *Ud.* (singular) and *-en* for *Uds.* (plural)

-er verbs: }
-ir verbs: }   *-a* for *Ud.* (singular) and *-an* for *Uds.* (plural)

INFINITIVE	PRESENT TENSE YO-FORM	COMMAND FORMS UD.	UDS.	MEANING
beber	bebo	beba	beban	drink
caer	caigo	caiga	caigan	fall
conducir	conduzco	conduzca	conduzcan	lead, drive
decir	digo	diga	digan	say, tell
gritar	grito	grite	griten	shout
hacer	hago	haga	hagan	do, make
huir	huyo	huya	huyan	flee
oír	oigo	oiga	oigan	hear
pedir	pido	pida	pidan	ask for, order
pensar	pienso	piense	piensen	think
poner	pongo	ponga	pongan	put
tener	tengo	tenga	tengan	have
traer	traigo	traiga	traigan	bring
venir	vengo	venga	vengan	come
ver	veo	vea	vean	see
vivir	vivo	viva	vivan	live
volver	vuelvo	vuelva	vuelvan	return

NOTE: 1. The vowels of the endings of the command forms are the opposite of the vowel endings of the *Ud. / él / ella* form of the present tense: *-e* for *-ar* verbs, and *-a* for *-er* and *-ir* verbs.

2. In Spanish America, *Uds.* is used for both formal and informal commands.

3. To form negative commands, *no* is placed before the verb.

No **anden en el parque.**   *Don't walk in the park.*

No **haga eso.**   *Don't do that.*

b. Verbs that end in *-zar, -car, -gar, -ger, -gir,* and *-guir* have spelling changes in the command forms to keep the original sound of the infinitive form.

INFINITIVE	PRESENT TENSE YO-FORM	COMMAND FORMS SINGULAR	PLURAL	MEANING
buscar	busco	busque	busquen	*look for*
jugar	juego	juegues	jueguen	*play*
proteger	protejo	proteja	protejan	*protect*
elegir	elijo	elija	elijan	*elect*
distinguir	distingo	distinga	distingan	*distinguish*

NOTE: In Spanish, *z* is not followed by *e* or *i*. In verbs like *comenzar* and *empezar,* the *z* changes to *c* before *-e* and *-en: comience, comiencen.*

EXERCISE A   **Una receta** (A recipe)   Several friends are coming to your house for lunch. Share this recipe with them. Use the *Ud.* command.

PARA EXPRESARSE MEJOR

colocar *to place*   **hacer rebanadas** *to slice*
el envuelto *wrap*   **marinar** *to marinate*
esparcir *to spread*   **picar** *to chop, mince*

---

1. lavar un pimiento amarillo y otro rojo

   _____

2. hacer rebanadas finas de los pimientos

   _____

3. picar una cebolla roja en pedazos gruesos

   _____

4. colocar los vegetales en un recipiente hondo

   _____

5. añadir 2 cucharadas de aceite de oliva, sal y pimienta negra

   _____

6. mezclar y marinar los vegetales por cinco minutos

   _____

7. calentar la parrilla

   _____

8. cocinar los vegetales en la parrilla por cinco minutos

   _____

9. tener cuidado de no quemarlos

_____

10. poner las tortillas de harina en el microondas para calentarlas

_____

11. esparcir una cucharada de salsa picante en cada tortilla

_____

12. arreglar los vegetales cocidos en las tortillas

_____

13. enrollar las tortillas

_____

14. servir los envueltos de vegetales en seguida

_____

EXERCISE B   **¡A jugar afuera!** When the Ramos family gets together the house seems very small. Mrs. Ramos encourages the children to play outside. Express what she tells them to do.

EXAMPLE: llevar los juguetes afuera   **Lleven** los juguetes afuera.

1. no tocar las flores del jardín   _____

2. jugar en el patio   _____

3. no hacer mucho ruido   _____

4. no dejar las bicicletas en la calle   _____

5. recoger los juguetes   _____

6. respetar a los vecinos   _____

7. tener cuidado si cruzan la calle   _____

8. no pelear   _____

EXERCISE C   **Una excursión al museo** Larry's class is on a field trip to the museum. Tell what the teacher tells them to do or not do in the museum.

EXAMPLE: no llevar comida   No **lleven** comida.

1. guardar las mochilas en el guardarropas   _____

2. no perder el boleto   _____

3. no tocar ningún objeto   _____

4. no usar las cámaras   _____

5. tomar apuntes _____

6. escuchar al guía _____

7. hablar en voz baja _____

8. no correr por el museo _____

EXERCISE D   **Sacar fotografías**   Ralph received a new camera and is getting instructions on how to use it. Give the instructions using the *Ud.* command.

EXAMPLE: comprar un rollo   **Compre** un rollo.

1. desenvolver el rollo _____

2. poner el rollo en la cámara _____

3. cerrar la cámara _____

4. enfocar en el sujeto de la foto _____

5. arreglar el enfoque _____

6. pulsar el botón _____

7. sacar muchas fotos _____

8. llevar el rollo a revelar _____

9. recoger las fotos _____

10. mirar las fotos _____

c. The following verbs have irregular formal (polite) commands.

INFINITIVE	PRESENT TENSE YO-FORM	COMMAND FORMS SINGULAR	PLURAL	MEANING
dar	doy	dé	den	give
estar	estoy	esté	estén	be
ir	voy	vaya	vayan	go
saber	sé	sepa	sepan	know
ser	soy	sea	sean	be

NOTE: 1.   *Dé* has an accent mark to distinguish it from *de* (of).

2.   *Esté* and *estén* have accent marks to indicate that the stress falls on the last syllable.

3.   To form the negative command, *no* is placed before the verb.

No sean perezosos.   *Don't be lazy.*

No vaya allí.   *Don't go there.*

EXERCISE E   **El consejo** (The advice)   Jerry and Mark are preparing for their first day at a summer job. Tell what their father advises them to do or not to do.

EXAMPLE: ser puntuales   **Sean** puntuales.

1. dar la mano al presentarse   _____

2. saber sus responsabilidades   _____

3. no ser distraídos   _____

4. no ir a restaurantes caros   _____

5. no estar nerviosos   _____

EXERCISE F   **Los pasos hacia el éxito** (Steps to success)   On the wall in the staff room there is a sign for the employees to read. Complete it with the Ud.-command of the verb indicated.

EXAMPLE: estar aquí a las ocho   **Esté** aquí a las ocho.

1. ser cortés con todos   _____

2. dar ayuda a sus compañeros   _____

3. estar siempre listo   _____

4. saber cooperar   _____

5. no ser impaciente   _____

6. ir más allá de sus deberes   _____

2.   Informal Commands

a. Informal commands are used with people you normally address with the *tú* form (friends, classmates, parents, and pets).

b. The *tú* command is the same as the *Ud. / él / ella* form of the present tense.

c. The *vosotros* (plural of *tú*) command is formed by changing the final -*r* of the infinitive to -*d*.

INFINITIVE	*TÚ* COMMAND	*VOSOTROS* COMMAND	MEANING
andar	anda	andad	walk
comenzar	comienza	comenzad	begin
contar	cuenta	contad	count, tell
escribir	escribe	escribid	write
pedir	pide	pedid	ask for, order
perder	pierde	perded	lose
ver	ve	ved	see
volver	vuelve	volved	return

NOTE: 1. Subject pronouns are usually omitted.

Abre (*tú*) el periódico.   *Open the newspaper.*

2. The *vosotros* command is rarely used in Spanish America. The *ustedes* (*Uds.*) command is used instead.

Abran el periódico.   *Open the newspaper.*

d. All negative familiar commands are expressed by the present subjunctive.

INFINITIVE	*TÚ* COMMAND		*VOSOTROS* COMMAND	
	AFFIRMATIVE	NEGATIVE	AFFIRMATIVE	NEGATIVE
andar	anda	no *andes*	andad	no *andéis*
comenzar	comienza	no *comiences*	comenzad	no *comencéis*
contar	cuenta	no *cuentes*	contad	no *contéis*
escribir	escribe	no *escribas*	escribid	no *escribáis*
pedir	pide	no *pidas*	pedid	no *pidáis*
perder	pierde	no *pierdas*	perded	no *perdáis*
ver	ve	no *veas*	ved	no *veáis*
volver	vuelve	no *vuelvas*	volved	no *volváis*

e. These verbs have irregular affirmative *tú* commands. However, the negative commands of these verbs are regular.

INFINITIVE	*TÚ* COMMAND AFFIRMATIVE	*TÚ* COMMAND NEGATIVE
decir	*di*	no *digas*
hacer	*haz*	no *hagas*
ir	*ve*	no *vayas*
poner	*pon*	no *pongas*
salir	*sal*	no *salgas*
ser	*sé*	no *seas*
tener	*ten*	no *tengas*
venir	*ven*	no *vengas*

NOTE: The *vosotros* form of the above verbs is regular.

EXERCISE G   **¡Ay, qué muchacho!** (What a boy!)   Mrs. Torres always has to remind her son what to do. Express what she tells him.

EXAMPLE: escuchar a tu hermana   **¡Escucha** a tu hermana!

1. recoger la ropa   _____

2. abrir la puerta   _____

3. apagar la televisión   _____

4. prometer llegar a casa temprano   _____

5. colgar el teléfono   _____

6. buscar las llaves   _____

7. recibir el paquete   _____

8. preparar la tarea   _____

EXERCISE H   **De compras** Lillian is going shopping with a friend. Her mother tells her what she should do.

EXAMPLE: hacer una lista   **Haz** una lista.

1. ser prudente   _____

2. tener cuidado con el dinero   _____

3. ir a la tienda ‹‹La Gloria›› primero   _____

4. decirle la talla correcta al dependiente   _____

5. poner los paquetes en el carro de tu amiga   _____

6. venir a casa temprano   _____

EXERCISE I   **¡No hagas eso!** Lidia is babysitting her cousin who is giving her a hard time. Express what Lidia tells her cousin.

EXAMPLE: no hacer eso   No **hagas** eso.

1. no salir de la casa   _____

2. no hacer ruido   _____

3. no poner los pies en el mueble   _____

4. no decir eso   _____

5. no ir al sótano   _____

6. no ser descortés   _____

3.   *NOSOTROS* Commands

a. The *nosotros* command (let us, let's) for most verbs is formed using the stem of the *yo*-form of the present tense. For *-ar* verbs, *-emos* is added; for *-er* and *-ir* verbs, *-amos* is added.

INFINITIVE	PRESENT TENSE YO-FORM STEM	ENDING	*NOSOTROS* COMMANDS
bailar	bail-	-emos	bailemos
correr	corr-	-amos	corramos
escribir	escrib-	-amos	escribamos
salir	salg-	-amos	salgamos
traer	traig-	-amos	traigamos

b. Stem-changing -*ar* and -*er* verbs do not have a stem change in the *nosotros* command.

Empecemos **más tarde.**	*Let's begin later.*
Recordemos **este café.**	*Let's remember this cafe.*
No *encendamos* **las luces.**	*Let's not put on the lights.*

c. In the *nosotros* command form, stem-changing -*ir* verbs change *o* to *u* or *e* to *i*, before adding the ending -*amos*.

D*u***rmamos una siesta.**	*Let's take a nap.*
P*i***damos ayuda.**	*Let's ask for help.*

d. -*Ar* verbs whose stems end in *c*, *g*, or *z* have the usual spelling changes in the *nosotros* command: *c* to *qu*, *g* to *gu*, *z* to *c*.

Bus*qu***emos otra película.**	*Let's look for another movie.*
No ll*egu***emos tarde otra vez.**	*Let's not arrive late again.*
Emp*ec***emos la carrera.**	*Let's begin the race.*

e. *Vamos* is used for the affirmative *nosotros*-command of *ir*. The negative is *no vayamos*.

f. *Vamos a* + infinitive can be substituted for the affirmative *nosotros* command.

Viajemos **mañana.**	
Vamos **a** *viajar* **mañana.**	*Let's travel tomorrow.*

EXERCISE J   **Una excursión al campo**   The Díaz family is having its annual reunion at a resort. Everyone has ideas about what they should do. The youngest member of the family repeats what she hears. Tell what they say using both forms of the *nosotros* command.

EXAMPLE: nadar en la piscina
　　　　　Nademos en la piscina.
　　　　　Sí, **vamos a nadar** en la piscina.

1. jugar al fútbol

　　_____

　　_____

2. remar en el lago

　　_____

　　_____

3. montar a caballo

　　_____

　　_____

4. descansar debajo de un árbol

_____

_____

5. comer al aire libre

_____

_____

6. dar un paseo

_____

_____

7. visitar la discoteca

_____

_____

8. practicar el yoga

_____

_____

4. Position of Object Pronouns with Commands

a. Object pronouns (including reflexive pronouns) are attached to the affirmative command. A written accent mark is generally required on the vowel that is stressed.

Escríbame pronto.	_Write to me soon._
Díganles.	_Tell them._
Levántate.	_Get up._
Apresúrense.	_Hurry._
Búsquenselo.	_Look for it for them._

b. In negative commands, the object pronoun precedes the verb.

No _me_ escriba pronto. _Don't write to me soon._

No _les_ digan. _Don't tell them._

No _te_ levantes. _Don't get up._

No _se_ apresuren. _Don't hurry._

No _se_ lo busquen. _Don't look for it for him / her / them._

c. In affirmative _nosotros_ commands, the final _-s_ of the verb ending is dropped when _nos_ or _se_ is added. A written accent mark is generally required on the vowel that is stressed.

Quedémonos.	_Let's stay._	**Vámonos.**	_Let's go._
Paseémonos.	_Let's take a walk._	**Leámosela.**	_Let's read it to her._

| EXERCISE K | **En el restaurante**   Answer the questions the waiter asks you and your family while dining in a restaurant. Use commands (*Ud.* and *Uds.*) and object pronouns in your responses. |

EXAMPLE: ¿Le sirvo otro refresco al niño?
　　　　　Sí, *sírvaselo.*
　　　　　No, *no se lo sirva.*

1. ¿Les consigo una mesa diferente?

　　_____

　　_____

2. ¿Les digo las especialidades de hoy?

　　_____

　　_____

3. ¿Les tomo su orden a Uds.?

　　_____

　　_____

4. ¿Le muestro los postres al niño ahora?

　　_____

　　_____

5. ¿Les quito los platos sucios a Uds.?

　　_____

　　_____

6. ¿Les envuelvo las sobras?

　　_____

　　_____

7. ¿Le traigo otro café?

　　_____

　　_____

8. ¿Le doy la cuenta a Ud.?

　　_____

　　_____

| EXERCISE L | **Estudiemos juntos.**   You and a friend are studying together for a major test. Answer each of your friend's questions with an affirmative and negative *tú* command. Also use object pronouns in your responses. |

EXAMPLE: ¿Te leo otro ejemplo?
　　　　　Sí, **léemelo.**
　　　　　No, **no me lo leas.**

1. ¿Te hago otras preguntas?

   _____

   _____

2. ¿Te explico la regla?

   _____

   _____

3. ¿Te busco una cita buena?

   _____

   _____

4. ¿Te repito el problema?

   _____

   _____

5. ¿Te pongo otro punto de vista?

   _____

   _____

6. ¿Te presto estos apuntes?

   _____

   _____

7. ¿Te doy mi pronóstico?

   _____

   _____

EXERCISE M   **Mi propio cuarto**   Your family just moved into a larger house and you now have your own room. Prepare a list of eight commands that you will post on the door of your room. You may wish to direct some of the commands to all members of your family and other commands to specific family members. Use affirmative and negative commands.

_____

_____

_____

_____

_____

_____

_____

_____

CHAPTER 4
Object Pronouns

1. Direct-Object Pronouns

a. Direct objects tell who or what received the action of the verb. They answer the questions whom? or what? Direct-object pronouns replace direct objects and agree with them in gender and number.

SINGULAR	PLURAL
me *me*	**nos** *us*
te *you*	**os** *you* (familiar)
lo *him, you* (m., formal), *it* (m.)	**los** *them, you* (m.)
la *her, you* (f., formal), *it* (f.)	**las** *them, you* (f.)

NOTE: 1. *Le* is sometimes used instead of *lo.*

2. The plural form of both *lo* and *le* is *los.*

b. Direct-object pronouns are usually placed directly before the verb.

¿Quién compra el carro?	*Who buys the car?*
Mi papá *lo* compra.	*My father buys it.*
¿Escribe Vicki las cartas?	*Does Vicki write the letters?*
No, Vicki no *las* escribe.	*No, Vicki doesn't write them.*

c. Direct-object pronouns precede the main verb or are attached to an infinitive.

Piensas visitar el museo.	*You plan to visit the museum.*

Lo **piensas visitar.**	
Piensas visitar*lo*.	*You plan to visit it.*

Yo no *los* quiero visitar.	
Yo no quiero visitar*los*.	*I don't want to visit them.*

d. Direct-object pronouns follow affirmative commands, but they come immediately before the verb in a negative command.

Búsque*lo*.   *Look for it.*

But

No *lo* busque.   *Don't look for it.*

NOTE: When direct-object pronouns follow affirmative commands, an accent mark is normally required on the stressed vowel of the verb to keep the original stress. If the affirmative command has only one syllable, no accent mark is required (*ten, tenlos*).

e. With progressive tenses (Chapter 12), direct-object pronouns can precede the conjugated form of *estar,* or can be attached to the gerund (present participle). When the pronoun is attached to the present participle, an accent mark is added to the *-a* or *-e* of the gerund to keep the original stress.

¿Estás escuchando la canción?	*Are you listening to the song?*

Sí, la estoy escuchando.	
Sí, estoy escuchándola.	*Yes, I'm listening to it.*

f. With compound tenses (Chapter 13), direct-object pronouns must be placed before the conjugated form of *haber.*

¿Has comprado el regalo?	*Have you bought the gift?*
No, no *lo* he comprado todavía.	*No, I haven't bought it yet.*

EXERCISE A   **Los útiles** (School supplies)   You and a friend are shopping for school supplies for the new school year. Answer the questions your friend asks using a direct-object pronoun.

> ## PARA EXPRESARSE MEJOR
> ### Los útiles
>
> | | |
> |---|---|
> | **el bolígrafo** *ballpoint pen* | **el compás** *compass* |
> | **la carpeta** *folder* | **el sacapuntas** *pencil sharpener* |

EXAMPLE: ¿Necesitas cuadernos?

Sí, **los** necesito.   *or*   No, no **los** necesito.

1. ¿Tienes bolígrafos? _____

2. ¿Necesitas una calculadora nueva? _____

3. ¿Necesitas una mochila? _____

4. ¿Tienes un sacapuntas? _____

5. ¿Necesitas marcadores? _____

6. ¿Tienes carpetas? _____

7. ¿Necesitas un compás? _____

EXERCISE B   **El primer viaje**   You and some friends are going on your first teen tour together. As you look over the detailed itinerary for the trip, answer the questions your friends ask using a direct-object pronoun in your response.

EXAMPLE: ¿Debemos visitar todos los museos?

Sí, **los** debemos visitar.   *or*   Sí, debemos visitar**los**.

1. ¿Vamos a conocer a otros jóvenes?

    _____

2. ¿Podemos comprar muchos recuerdos?

    _____

3. ¿Debemos visitar muchos pueblos?

    _____

4. ¿Tenemos que probar muchos platos nuevos?

    _____

5. ¿Debemos llevar mucho dinero?

    _____

6. ¿Queremos ver una obra de teatro?

    _____

7. ¿Pensamos escuchar a los guías?

    _____

8. ¿Vamos a comprar muchos discos compactos?

    _____

EXERCISE C   **Las tareas** Joey is lazy about doing his chores and his mother always asks him about them. Express Joey's responses using the cue provided and a direct-object pronoun.

EXAMPLE: ¿Recogiste la ropa? (*ir a*)
    La voy a recoger.   *or*   **Voy a** recoger**la**.

1. ¿Sacaste al perro? (*tener que*)

    _____

2. ¿Hiciste la tarea? (*deber*)

    _____

3. ¿Lavaste los platos? (*pensar*)

    _____

4. ¿Ayudaste a tu hermana menor? (*deber*)

    _____

5. ¿Guardaste los discos compactos? (*tener que*)

    _____

6. ¿Practicaste el violín? (*deber*)

    _____

7. ¿Sacaste la basura?   (*ir a*)

_____

8. ¿Pasaste la aspiradora?   (*necesitar*)

_____

EXERCISE D   **Cambios** (Changes)   You and a friend are helping your mother rearrange the furniture in the living room. Express what your mother tells you to do.

EXAMPLE: colocar el sofá allí   **¡Colóquenlo** allí!

1. no poner la lámpara aquí   _____

2. mover la butaca hacia allá   _____

3. colgar las pinturas   _____

4. traer la mesa aquí   _____

5. cambiar las pinturas   _____

6. quitar las cosas de la mesa   _____

7. buscar otro sillón   _____

EXERCISE E   **Preguntas**   Answer the questions that a friend asks. Use a direct-object pronoun in your responses.

EXAMPLE: ¿Recibes muchos regalos?
               Sí, **los** recibo.   *or*   No, no **los** recibo.

1. ¿Compras muchos videojuegos?   _____

2. ¿Juegas al fútbol?   _____

3. ¿Necesitas otros pasatiempos?   _____

4. ¿Lees el periódico a menudo?   _____

5. ¿Ves a tu mejor amiga todos los días?   _____

6. ¿Invitas a tu amiga a salir contigo?   _____

7. ¿Piensas buscar ropa nueva para la primavera?   _____

8. ¿Escuchas a tus padres?   _____

2.   Indirect-Object Pronouns

a. Indirect objects tell to whom or for whom the action of the verb is performed and answer the question to whom? Indirect-object pronouns replace indirect objects and agree with them in gender and number.

SINGULAR	PLURAL
me *to me* **te** *to you* (familiar) **le** *to you* (formal), *to him, to her*	**nos** *to us* **os** *to you* (familiar) **les** *to you* (formal), *to them* (m. & f.)

NOTE: 1. *Le* and *les* are used as both masculine and feminine indirect-object pronouns.

2. To add clarity or emphasis, a phrase with *a* + prepositional pronoun may be used in addition to the indirect-object pronoun.

(Clarity) **Yo *les* hablo a ustedes.**   *I speak to you.*

(Emphasis) **A nosotros *nos* gusta correr.**   *We like to run.*

3. *Me, te, nos,* and *os* are also used as direct-object pronouns and reflexive pronouns (Chapter 10).

4. In English indirect-object pronouns may be identified by the preposition *to* + a person. The "to" may be expressed or implied.

Le doy el regalo.   *I give the gift to him/her. (I give him/her the gift.)*

b. Indirect-object pronouns are usually placed before the verb.

Yo *te* mando una tarjeta.   *I send a card to you.*

Ella *me* dice un secreto.   *She tells a secret to me. (She tells me a secret.)*

c. When a verb is followed by an infinitive, indirect-object pronouns precede the conjugated verb or are attached to the infinitive.

¿*Me* quieres contar algo? ⎫
¿Quieres contar*me* algo? ⎭   *Do you want to tell me something?*

d. Indirect-object pronouns follow affirmative commands, but they come immediately before the verb in negative commands.

Regále*me* las flores.   *Give me the flowers.*

But

No *me* regale las flores.   *Don't give me the flowers.*

NOTE: When indirect-object pronouns follow affirmative commands, an accent mark is normally required on the stressed vowel of the command to keep the original stress. If the affirmative command has only one syllable, no accent mark is required (*di, dinos*).

e. With progressive tenses (Chapter 12), indirect-object pronouns can precede the conjugated form of *estar*, or can be attached to the gerund (present participle). When the pronoun is attached to the present participle, an accent mark is added to the *-a* or *-e* of the gerund to keep the original stress.

Te **estoy diciendo la verdad.**
Estoy diciéndo*te* la verdad. } *I'm telling you the truth.*

f. With compound tenses (Chapter 13), indirect-object pronouns must be placed before the conjugated form of *haber.*

Les **hemos mostrado la casa.**   *We've shown the house to them.*

EXERCISE F   **Una buena anfitriona** (A good hostess) Nancy tells what she offers the guests in her home. Express what she says.

EXAMPLE: a mis tías / ofrecer un té   A mis tías **les ofrezco** un té.

1. a mis primos / servir refresco   _____

2. a mi abuelo / dar un café   _____

3. a los niños / ofrecer dulces   _____

4. a ti / dar un sándwich   _____

5. a las amigas de mi mamá / dar fruta   _____

6. al bebé de mi tía / dar una galleta   _____

7. a mis amigos / ofrecer helado   _____

EXERCISE G   **Un buen partido** Luis is telling his family about the game his team played today. Express what he says.

EXAMPLE: Luis / contar los resultados / a su familia
Luis **le contó** los resultados a su familia.

1. yo / explicar las jugadas / a mi hermano

_____

2. el árbitro / pedir una disculpa / a él

_____

3. Hugo / pasar la pelota muchas veces / a mí

_____

4. el público / aplaudir / al equipo

_____

5. el alcalde / presentar el trofeo / a nosotros

_____

6. el entrenador / dar un abrazo / a los jugadores

_____

EXERCISE H   **Mis padres** Jane had to write a paragraph about her parents. Complete what she wrote with the appropriate indirect-object pronouns.

Mis padres ———— muestran mucha cariño a mí y a mis hermanos. Ellos siempre ————
1.   2.

escuchan a mí cuando ———— hablo a ellos de un asunto importante. Y no ———— dan
3.   4.

respuestas rápidas a mí. Primero ———— debo ofrecer a ellos una solución al problema. Si
5.

ellos están de acuerdo, mi papá ———— repite la misma solución a mí. Si no están de acuerdo,
6.

por lo general mi mamá ———— ofrece otra solución a mí y a mi padre. Por eso me gusta
7.

pedir ———— consejos a mis papás.
8.

EXERCISE I   **Regalos del viaje** While traveling in Spain, the guide suggests gifts the people can buy. Express what the guide says.

EXAMPLE: a un joven / comprar un cartel   **Cómprenle** un cartel a un joven.

1. a una mujer / regalar una pulsera   _____

2. a las niñas / dar aretes   _____

3. a un hombre mayor / escoger una cartera   _____

4. a una amiga / comprar una cadena de plata _____

5. a unos estudiantes / mandar un libro   _____

6. a un muchacho / buscar un disco compacto   _____

7. a una maestra de baile / regalar castañuelas _____

EXERCISE J   **Trabajo en grupos** When the class works in small groups, different students become the teacher. Tell what the following students are doing during a group assignment. Write the sentence both ways.

EXAMPLE: Roberto / explicar la tarea a nosotros
           Roberto **nos está explicando** la tarea.   *or*   Roberto **está explicándonos** la tarea.

1. yo / enseñar el proyecto a mis compañeros

_____   _____

2. tú / proponer un plan al grupo

_____   _____

3. Gerardo / explicar el problema a mí

_____   _____

4. Gina y yo / presentar otra idea a los alumnos

_____   _____

5. Jorge y Manuel / ayudar a ti.

_____   _____

3.   Indirect-Object Pronouns with _GUSTAR_

a. _Gustar_ (to please) is used to express "to like" and is preceded by an indirect-object pronoun. _Gustar_ agrees with the subject of the sentence, which usually follows the verb.

Me gusta la excursión.	_I like the trip._
Te gustan los carros deportivos.	_You like sports cars._
Nos gusta viajar.	_We like to travel._

> **NOTE:** If the thing liked is not a noun but an action (expressed by a verb in the infinitive), _gustar_ is used in the third-person singular.
>
> **Me _gusta_ correr y nadar.**   _I like to run and to swim._

b. To clarify indirect-object pronouns _le_ and _les_, or to give emphasis, indirect objects normally precede the indirect-object pronouns.

A José _le_ gusta el béisbol.	_José likes baseball._
A los niños no _les_ gustan las reglas.	_The children don't like rules._
A mi mamá _le_ gustan los dulces.	_My mother likes candies._
A nosotros _nos_ gusta descansar.	_We like to rest._

c. Verbs Like _gustar_

doler   _to be painful, to hurt, to ache_
Me duelen los pies.   _My feet ache._

encantar   _to love_
Me encanta volar.   _I love to fly._

fascinar   _to love_
Nos fascina bailar.   _We love to dance._

faltar   _to be lacking, to need_
Nos faltan muchas cosas.   _We need many things._

hacer falta   _to need something_
A la sopa le _hace falta_ sal.   _The soup needs salt._

importar   _to care about something, to mind_
No _me importa_ el mal tiempo.   _I don't mind the bad weather._

interesar   _to be interested in something_
Te interesan los deportes.   _You are interested in sports._

parecer   *to seem*
La comida me parece buena.   *The meal seems good to me.*
Los edificios les parecen altos.   *The buildings seem tall to them.*

quedar   *to have something left*
Les *queda* poco tiempo.   *They have little time left.*

tocar   *to be someone's turn*
A María le *toca* conducir hoy.   *It's María's turn to drive today.*

NOTE: **Parecer** is usually followed by an adjective, which must agree in gender and number with the subject (the item described).

EXERCISE K   **Mi familia y mis amigos**   Gina is talking about the likes, dislikes, and interests of her family and friends. Express what she says.

EXAMPLE: a mí / interesar / todo el mundo   A mí **me interesa** todo el mundo.

1. a Beto / fascinar / los deportes   _____

2. a Carlos / gustar / el dinero   _____

3. a mis padres / fascinar / viajar   _____

4. a ti / encantar / los bailes   _____

5. a Tony y a mí / gustar / las bromas   _____

6. a Rosa / interesar / la moda   _____

7. a ella / encantar / los desfiles de moda   _____

8. a nosotros / interesar / diseñar y coser   _____

EXERCISE L   **Un día mal planeado**   Nick is upset about the way the day he planned for his friends turned out. Express what he says.

EXAMPLE: a mí / tocar / planear las actividades
         A mí **me tocó** planear las actividades.

1. a Juanita / doler las piernas

_____

2. a Vicente / faltar dinero

_____

3. a ti / todo / parecer aburrido

_____

4. a nosotros / no encantar / los parques de atracciones

_____

5. a Luis y a ti / no gustar / las diversiones

_____

6. a Sarita / hacer falta / el permiso de sus papás

_____

7. a Clarissa / no quedar tiempo para comprar regalos

_____

8. a mí / importar / los gustos de mis amigos

_____

4.   Double-Object Pronouns

a. When a verb has two object pronouns, the indirect-object pronoun (usually referring to a person) precedes the direct-object pronoun (usually a thing).

Janet _me lo_ **explica.**	_Janet explains it to me._
Janet _te la_ **explica.**	_Janet explains it to you._ (_fam._)
Janet _se los_ **explica.**	_Janet explains them to you (him, her, them)._
Janet _nos las_ **explica.**	_Janet explains them to us._

NOTE: 1.   _Le_ and _les_ change to _se_ before _lo, la, los, las._

Janet le explica	_Janet explains the problem_
el problema.	_to you (him, her)._
Janet _se lo_ **explica bien.**	_Janet explains it to you (him, her) well._

2.   The various meanings of _se_ may be clarified by adding a _Ud._ (_Uds._), _a él_ (_ellos_), _a ella_ (_ellas_).

Yo se lo explico _a él (a ellos)._	_I explain it to him (them)._

b. The position of double-object pronouns is the same as for single-object pronouns.

_Me lo_ **explica.**	_He explains it to me._
_Me lo_ **quiere explicar.**	_He wants to explain it to me._
Explíca_melo._	_Explain it to me._

But

Quiere explicár_melo._	_He wants to explain it to me._
No me _lo_ **expliques.**	_Don't explain it to me._

_Me lo_ **está explicando.**	
Está explicándo_melo._	_He is explaining it to me._

_Me lo_ **ha explicado.**	_He has explained it to me._

NOTE: When both object pronouns are attached to the verb, an accent mark is placed on the stressed syllable.

EXERCISE M	**Buenos amigos** Tell who did the following things for whom. Use direct and indirect- object pronouns in each one.

EXAMPLE: mi tío / prestar dinero / a mí   Mi tío **me lo** prestó.

1. tú / explicar las reglas del juego / a los niños

   _____

2. Silvia / mandar fotografías / a nosotros

   _____

3. yo / buscar los adornos / a ti

   _____

4. John y yo / prestar la tarea / a Uds.

   _____

5. Lenny y Paco / contar muchos chistes / a mí

   _____

6. Mirta / dar un regalo / a David y Jerry

   _____

EXERCISE N	**Yo puedo hacer eso.** Jamie wants to help his parents as much as possible. Tell what he says he is able to do.

EXAMPLE: lavarles las ventanas   Puedo **lavárselas.**

1. regarles las plantas   _____

2. sacarles la basura   _____

3. cuidarles a sus hermanos   _____

4. arreglarles el jardín   _____

5. limpiarles el sótano   _____

6. traerles el correo   _____

EXERCISE O	**Un niño consentido** (A spoiled child) When Greg's younger brother isn't feeling well, he is always demanding attention from the family. Tell who is responding to his demands.

EXAMPLE: Quiero mi video favorito. (*Elena / buscar*)
           Elena **te lo está buscando.** *or* Elena **está buscándotelo.**

1. Quiero un batido de fresa. (*mamá / preparar*)

   _____

2. Quiero ver otro canal en la televisión. (*yo / cambiar*)

_____

3. Quiero dulces. (*mamá y yo / servir*)

_____

4. Quiero mis cuadernos de colorear. (*Nancy / traer*)

_____

5. Quiero los patines de Greg. (*Greg / prestar*)

_____

| EXERCISE P | **Un viaje fantástico**   Write a paragraph of ten sentences in which you describe a trip you took with some friends during which you became aware of their likes, dislikes, and interests. Use as many expressions like *gustar* as you can. |

_____

_____

_____

_____

_____

_____

_____

_____

_____

_____

CHAPTER 5
Nouns and Articles

1. Nouns

a. Gender of Nouns

In Spanish nouns are either masculine or feminine.

1. Nouns ending in -*o* and nouns referring to male beings are generally masculine.

el niño   **el padre**   **el periódico**

2. Nouns ending in -*a*, -*d*, -*ión*, or -*z* and nouns referring to female beings are generally feminine.

la niña   **la madre**   **la revista**

la dignidad   **la estación**   **la paz**

3. Some nouns are either masculine or feminine. The article indicates whether the noun refers to a male or a female.

el / la estudiante   **el / la adolescente**

el / la dentista   **el / la atleta**

4. Some nouns are gender ambiguous.

mar *sea*

dote *dowry, natural gift, talent*

azúcar *sugar*

5. Some nouns ending in -*o* are feminine. Conversely, some nouns ending in -*a* are masculine.

la mano *hand*   **el mapa** *map*

el clima *climate*   **el idioma** *language*

el problema *problem*

6. The gender of nouns ending in a consonant must be learned individually.

MASCULINE	FEMININE
el dolor *pain* **el mes** *month*	**la clase** *class* **la sal** *salt*

7. In Spanish compound nouns that are formed with a verb and a noun are masculine.

el rompecabezas   **el paraguas**   **el pisapapeles**

8. The days of the week, the months of year, and the names of languages are masculine.

el lunes	**el domingo**
el enero	**el septiembre**
el francés	**el latín**

NOTE: 1. The articles used before masculine singular nouns are *el* (the) and *un* (a, an). The articles used before feminine singular nouns are *la* (the) and *una* (a, an).

MASCULINE	FEMININE
el señor *the man* **un libro** *a book*	**la señora** *the lady* **una pluma** *a pen*

2. The article is generally repeated before each noun in a series.

Necesito *un* **libro y** *una* **pluma.**   *I need a book and a pen.*
Veo *el* **estadio y** *una* **piscina.**   *I see a stadium and a swimming pool.*

EXERCISE A   **En el supermercado** Write the masculine or feminine definite article for the items you place in your shopping cart in the supermarket.

EXAMPLE: <u>la</u> leche

1. _____ jugo de naranja

2. _____ melón

3. _____ piña

4. _____ pan

5. _____ mermelada

6. _____ mantequilla

7. _____ azúcar

8. _____ tocino

9. _____ jamón

10. _____ carne

EXERCISE B   **¿Qué viste en la playa?** Tell what each person saw at the beach. Use the appropriate article: *el, la, un,* or *una.*

EXAMPLE: yo / cubeta   Yo vi **una** cubeta.

1. Randy / parasol   _____

2. tú / ola grande   _____

3. Lance / red de voleibol   _____

4. Nicky y yo / pelota grande   _____

5. Gina / salvavidas   _____

6. Alex / silla rota   _____

7. Uds. / concha bonita   _____

8. nadie / tiburón   _____

9. mamá / arena suave   _____

10. yo / lancha   _____

EXERCISE C   ¿**Qué es ...?** For each clue, tell what is the appropriate word. Use an article with the noun.

EXAMPLE: siete días   **una semana**

  la figura materna de la familia   **la madre**

1. el chino o el portugués   _____

2. lo que indica la fecha   _____

3. trescientos sesenta y cinco días   _____

4. la imagen de una persona   _____

5. el lugar donde hacen experimentos   _____

6. una tienda con muchos departamentos   _____

7. la parte oscura del día   _____

8. rojo, amarillo o verde   _____

9. lo que brilla durante del día   _____

10. la parte del cuerpo usada para respirar   _____

11. la persona que estudia   _____

12. la parte del cuerpo que se usa para tocar   _____

13. el ingrediente básico de un sándwich   _____

14. la máquina que suma, resta, multiplica y divide   _____

15. el sonido que sale de la boca   _____

  b. Plural of Nouns

  1. Nouns ending in a vowel form the plural by adding -s.

  amig*o* **amig***os*   **cin***e* **cin***es*
  frut*a* **frut***as*   **padr***e* **padr***es*

  2. Nouns ending in a consonant form the plural by adding -es.

  doctor   **doctor***es*
  comedor   **comedor***es*

3. Nouns ending in *z* change -*z* to -*c* before adding -*es.*

lápiz	**lápices**
voz	**voces**

4. Nouns ending in -*n* or -*s* add -*es* and an accent mark is added or dropped to keep the original stress.

joven	**jóvenes**	**inglés**	**ingleses**
examen	**exámenes**	**lección**	**lecciones**

> **NOTE:** 1. *Países* requires the accent mark to preserve the original stress of *país.*
>
> 2. The plural of *pan, panes,* requires no accent mark.

5. Nouns ending in -*s,* where the final syllable is unstressed remain the same in the plural.

sacapuntas	*pencil sharpener*	**sacapuntas**	*pencil sharpeners*

But

mes	*month*	**meses**	*months*

6. The masculine plural form of these nouns may refer to both the male and female members of a group.

los padres	*the fathers, the father and mother, the parents*
los hijos	*the sons, the son and daughter, the children*
los niños	*the little boys, the little boy and girl, the children*
los reyes	*the kings, the king and queen, the rulers*
los señores Ayala	*the Ayala brothers (for example), Mr. and Mrs. Ayala*

> **NOTE:** The articles used before masculine plural nouns are *los* (the) and *unos* (some, a few).

MASCULINE	FEMININE
los señores *the men* **unos libros** *a few books*	**las señoras** *the ladies* **unas plumas** *a few pens*

EXERCISE D   **Yo veo más.** Jerry's younger brother claims that he sees more than his brother sees while they are hiking. Tell what the younger brother sees.

EXAMPLE: Jerry: una planta   El hermano: **unas plantas**

1. Jerry: una serpiente   El hermano: _____

2. Jerry: una tienda de campo   El hermano: _____

3. Jerry: un puesto de refrescos   El hermano: _____

4. Jerry: un oso   El hermano: _____

5. Jerry: una flor   El hermano: _____

6. Jerry: un automóvil   El hermano: _____

7. Jerry: un árbol   El hermano: _____

8. Jerry: un camión   El hermano: _____

9. Jerry: una motocicleta   El hermano: _____

10. Jerry: una estrella   El hermano: _____

11. Jerry: un señor   El hermano: _____

12. Jerry: un guante de béisbol   El hermano: _____

2.   Articles

a. Definite Articles

1. There are four definite articles in Spanish that correspond to English "the."

	SINGULAR	PLURAL
MASCULINE	el	los
FEMININE	la	las

2. Articles agree in number and gender with the nouns they modify.

el niño   *the little boy*   *los* niños   *the little boys*

la niña   *the little girl*   *las* niñas   *the little girls*

NOTE: 1. Feminine nouns that begin with the stressed sound of *a* (or *ha*) take *el* and *un* in the singular. In the plural, they take *las* and *unas*.

el agua   *the water*   *las* aguas   *the waters*

un agua   *one water*   *unas* aguas   *some waters*

el ala   *the wing*   *las* alas   *the wings*

un ala   *a wing*   *unas* alas   *some wings*

el haba   *the bean*   *las* habas   *the beans*

un haba   *a bean*   *unas* habas   *some beans*

2. *A* and *de* contract with *el* as follows:

a + el = al   **de + el = del**

Voy *al* teatro.   *I go to the theater.*

Habla *del* maestro.   *He speaks about the teacher.*

But

Voy *a la* fiesta.   *I go to the party.*

Hablo *de los* maestros.   *I speak about the teachers.*

EXERCISE E   **La visita**   Read the e-mail message Alfredo sent to a friend about a trip he will make. Complete the message with the appropriate definite articles.

Hola Víctor:

——— sábado próximo salgo en ——— primer viaje de mi vida a ——— Estados
　1.　　　　　　　　　　　　　　　　2.　　　　　　　　　　　　　　　　3.

Unidos. Voy a ——— ciudad de Nueva York. Quiero conocer todos ——— lugares de interés,
　　　　　　　4.　　　　　　　　　　　　　　　　　　　　　5.

especialmente ——— rascacielos famosos. Felipe me recomendó ——— restaurantes que
　　　　　　　6.　　　　　　　　　　　　　　　　　　　　7.

él conoció durante ——— visita que él hizo ——— año pasado. También me interesan
　　　　　　　　　8.　　　　　　　　　　　9.

——— trenes subterráneos y todos ——— barrios étnicos. ——— ocho días que voy a
　10.　　　　　　　　　　　　　　　11.　　　　　　　　　12.

pasar allí van a ser fabulosos. Llevo ——— cámara y voy a sacar ——— mejores fotos.
　　　　　　　　　　　　　　　　　　13.　　　　　　　　　　　14.

Hasta ——— vista.
　　　　15.

Tu amigo,

Alfredo

3. Definite articles are used:

(a) before the names of languages and other subjects of study, unless the subjects of study follow *hablar*, *en*, or *de*.

Estudiamos *el* **español.**	*We study Spanish.*
El **chino es un idioma.**	*Chinese is a language.*
La **biología es interesante.**	*Biology is interesting.*

But

Ella habla ruso.	*She speaks Russian.*
Leen en francés.	*They read in French.*
Mi clase de español es grande.	*My Spanish class is big.*

(b) before titles (except when speaking directly to a person).

El señor Burgos es simpático.	*Mr. Burgos is nice.*
La doctora Salas llegó.	*Dr. Salas arrived.*

But

Buenos días, doctora Salas.	*Good morning, Dr. Salas.*

(c) before the following geographic names.

la América Central *Central America*	**el Canadá** *Canada*
la América del Norte *North America*	**la China** *China*
la América del Sur *South America*	**los Estados Unidos**
la Argentina *Argentina*	*the United States*

la Florida *Florida*	**el Perú** *Peru*
el Japón *Japan*	

But

Alemania *Germany*	**Inglaterra** *England*
España *Spain*	**Italia** *Italy*
Europa *Europe*	**México** *Mexico*
Francia *France*	**Rusia** *Russia*

> **NOTE:** Current usage tends to omit the definite article before the names of countries.
>
> **Soy de Estados Unidos.**   *I'm from the United States.*

(d) before the days of the week, to express the English word on.

Te veo *el* **sábado.**   *I'll see you on Saturday.*

But

Hoy es viernes.   *Today is Friday.*

(e) before the words *escuela, clase,* and *iglesia* when they follow a preposition.

Voy a *la* **clase ahora.**   *I'm going to class now.*
Están en *la* **iglesia.**   *They are in church.*

(f) before the parts of the body and articles of clothing.

Se lava *la* **cara.**   *She washes her face.*
Se pone *los* **zapatos.**   *He puts on his shoes.*

(g) before the names of seasons.

Hace frío en *el* **invierno.** *It's cold in winter.*

(h) before nouns in a general or abstract sense.

Las **películas son buenas.**   *Films are good.*
La **oscuridad le espanta.**   *Darkness frightens her.*

(i) before nouns of weight or measure.

Pagué un dólar *la* **docena.** *I paid one dollar a dozen.*

(j) before certain time expressions and when expressing the time of day.

el **año próximo**	*next year*
la **semana pasada**	*last week*
Son *las* **tres.**	*It's three o'clock.*
Llegó a *la* **una.**	*He arrived at one o'clock.*

4. The definite article is omitted:

(a) before a noun in apposition.

Tenochtitlán, capital de los aztecas,   *Tenochtitlán the capital of the*
es hoy la Ciudad de México.   *Aztecs, is today Mexico City.*

(b) with the names of rulers.

Felipe Segundo fue un rey de España.	*Philip the Second was a king of Spain.*

EXERCISE F   **Preguntas**   Answer the questions an exchange student asks.

1. ¿Cuándo celebran el Día de la Independencia?

_____

2. ¿Qué deporte te gusta más?

_____

3. ¿Qué idioma hablan Uds. en casa?

_____

4. ¿Qué lengua estudias en la escuela?

_____

5. ¿Cuál es tu clase predilecta?

_____

6. ¿Qué color prefieres?

_____

7. ¿Qué haces los fines de semana?

_____

8. ¿Durante qué estación vas a esquiar?

_____

9. ¿Qué hace tu mamá?

_____

10. ¿Qué quieres ser algún día?

_____

11. ¿Qué hora es?

_____

12. ¿Quién es tu profesor favorito?

_____

b. Indefinite Articles

1. There are four indefinite articles in Spanish that correspond to English *a* (*an*), *some*, *several*, and *a few*.

	SINGULAR	PLURAL
MASCULINE	un	unos
FEMININE	una	unas

2. Indefinite articles agree in number and gender with the nouns they modify.

MASCULINE	FEMININE
un niño *a boy* **unos niños** *some boys*	**una niña** *a girl* **unas niñas** *some girls*

3. Indefinite articles are used to express the English word *a* (*an*).

Tengo *un* amigo.   *I have a friend.*

4. The indefinite article is omitted before an adjective expressing nationality or nouns expressing professions, or occupations when they follow the verb *ser*.

Kim es coreano.   *Kim is Korean.*

Mi padre es ingeniero.   *My father is an engineer.*

Ella va a ser maestra.   *She is going to be a teacher.*

NOTE: If the adjective or noun is modified, the indefinite article is used.

Ella desea ser *una* actriz famosa.   *She wants to be a famous actress.*

EXERCISE G   **¿Quién es?** You want to see if your younger brother can identify different professions from the clues you give him. Tell who does the following.

EXAMPLE: Repara motores.   **un mecánico**

1. Cura a los enfermos.   _____

2. Defiende a los acusados en el tribunal.   _____

3. Vende medicinas.   _____

4. Trabaja en un banco.   _____

5. Prepara y vende pan.   _____

6. Vende flores.   _____

7. Pinta cuadros.   _____

8. Escribe poesía.   _____

9. Actúa en una obra de teatro.   _____

10. Protege a los ciudadanos.   _____

EXERCISE H   **En el museo** Tell what these people saw while visiting a museum. Complete each statement with the appropriate indefinite article.

EXAMPLE: Beto vio **unas** figuras de dinosauros.

1. Beth vio _____ collares antiguos de oro.

2. Lisa y yo vimos _____ porcelanas de la China.

3. Tú viste _____ paisaje pastoral.

4. Greg y Paul vieron _____ retrato de _____ héroe patriótico.

5. Yo vi _____ tapiz belga.

6. Los niños vieron _____ juguetes antiguos.

7. Jim vio _____ espada de oro y plata.

c. The Neuter Article *LO*

Lo is used before a masculine adjective that functions as a noun to express a quality or an abstract idea. *Lo* means "that which is" and it does not vary in form.

lo **bueno y** *lo* **malo**	*the good and the bad (that which is good and that which is bad)*
lo **interesante**	*the interesting part (the interesting thing)*
Me gusta *lo* **fácil.**	*I like the easy things (that which is easy).*

EXERCISE I   **Nuevos amigos** Alicia introduces herself to a new friend. Complete the paragraph below with the appropriate article, if needed.

Soy ————— Alicia Valenzuela. Soy de Buenos Aires y soy ————— argentina. Hablo tres
1.   2.

idiomas: ————— español, ————— japonés y ————— inglés. Mi familia y yo vivimos en
3.   4.   5.

————— Japón por tres años y yo asistí a ————— escuela japonesa. También soy —————
6.   7.   8.

estudiante diligente. Para mí ————— estudios son ————— más importante en este
9.   10.

momento. Quiero llegar a ser ————— abogada. Mi padre, ————— señor Luis Valenzuela,
11.   12.

es ————— abogado de profesión pero ahora es ————— diplomático famoso en —————
13.   14.   15.

gobierno argentino. Por eso viajamos a muchos países: ————— Estados Unidos, —————
16.   17.

México, ————— Perú y otros países de ————— América Central. También me fascinan
18.   19.

————— deportes. Mis deportes favoritos son ————— fútbol, ————— natación y —————
20.   21.   22.   23.

tenis. También me gustan ————— obras de teatro, tanto ————— dramas como —————
24.   25.   26.

comedias y ————— espectáculos musicales. Soy ————— joven simpática y divertida. ¿Y tú?
27.   28.

EXERCISE J   **Impresiones** You and some friends are sharing your impressions about the day you spent at a theme park. Using *lo* + one of the suggested adjectives that follow, complete their statements.

aburrido	cómico	impresionante	peor
bello	divertido	peligroso	

1. _____ fue ver la cara de Elena cuando salimos de la casa de las fantasmas.

2. _____ fue tener que esperar en colas muy largas.

3. _____ fue el viaje en autobús.

4. _____ fue ver la arquitectura temática del parque.

5. Atravesar un puente a pie fue _____ .

6. Pasar el día con amigos al aire libre fue _____ .

7. _____ fue ganar un premio en los juegos.

EXERCISE K   **Una cápsula de tiempo**   Imagine that you are attending a ceremony at which a time capsule that was sealed twenty-five years ago is being opened. Write a paragraph of ten sentences in which you describe the items contained in the capsule. For each one, include your reaction to the item using *lo* + adjective expression.

_____

_____

_____

_____

_____

_____

_____

_____

_____

_____

CHAPTER 6
Adjectives

1. Agreement of Adjectives

a. Adjectives agree in gender and number (masculine or feminine) with the nouns they describe.

	MASCULINE	FEMININE
SINGULAR	El niño es bondadoso.	La niña es bondadosa.
PLURAL	Los niños son bondadosos.	Las niñas son bondadosas.

An adjective modifying two or more nouns of different genders is masculine plural.

La camisa y el suéter son *caros.*   *The shirt and the sweater are expensive.*

b. Masculine adjectives ending in -*o* form the feminine by changing -*o* to -*a*. Most masculine adjectives ending in a consonant form the feminine by adding -*a*.

bello, bella *beautiful*   **inglés, inglesa** *English*

estricto, estricta *strict*   **encantador, encantadora** *charming*

simpático, simpática *nice*   **trabajador, trabajadora** *hard-working*

español, española *Spanish*

c. Some adjectives, many of them ending in -*e*, have the same form for both the masculine and the feminine.

diligente, diligente *diligent*   **fácil, fácil** *easy*

responsable, responsable *responsible*   **joven, joven** *young*

grande, grande *large*

d. Adjectives ending in a vowel form the plural by adding -*s* to the singular form.

bellos   **simpáticas**   **grandes**

e. The plural of adjectives ending in a consonant is formed by adding -*es* to the singular form.

españoles   **trabajadores**   **fáciles**

> **NOTE:** 1. Adjectives with singular forms ending in -*z* change *z* to *c* in the plural.
>
> **feliz, felices** *happy*
>
> 2. Some adjectives add or drop an accent mark in order to keep the original stress.
>
> **joven, jóvenes** *young*
> **inglés, inglesa, ingleses, inglesas** *English*
> **cortés, corteses** *polite*

EXERCISE A   **En mi país**   Gregorio is describing different things in his country. Express what he says.

EXAMPLE: personas / simpático   Las personas son **simpáticas.**

1. flores / abundante   _____

2. edificios / bajo   _____

3. aire / puro   _____

4. lagos / profundo   _____

5. cultura / interesante   _____

6. trenes / moderno   _____

7. música / encantador   _____

8. fútbol / popular   _____

EXERCISE B   **Nacionalidades**   Susan is showing her family a picture of her class. Tell the nationality of the people she identifies using the cues provided.

PARA EXPRESARSE MEJOR
Algunos países y sus nacionalidades

Alemania *Germany*		**alemán** *German*	
Argentina *Argentina*		**argentino** *Argentine*	
Corea *Korea*		**coreano** *Korean*	
Costa Rica *Costa Rica*		**costarricense** *Costa Rican*	
Francia *France*		**francés** *French*	
Inglaterra *England*		**inglés** *English*	
Irlanda *Ireland*		**irlandés** *Irish*	
Italia *Italy*		**italiano** *Italian*	
Rusia *Russia*		**ruso** *Russian*	

EXAMPLE: Antonio / la Argentina   Antonio es **argentino.**

1. Kim / Corea   _____

2. Jean Luc / Francia   _____

3. Gisela / Alemania   _____

4. Margaret y Alice / Inglaterra   _____

5. los hermanos Ryan / Irlanda   _____

6. Luis y Félix / Costa Rica   _____

7. Ivan / Rusia   _____

8. María y Josephine / Italia   _____

EXERCISE C   **Así son.**   After spending a weekend at a friend's house, Aniluz has some
contradictory thoughts about the things she noticed during her visit. Express
what she tells her family.

EXAMPLE: casa / amplio / incómodo   La casa es **amplia** pero **incómoda.**

1. Rocío / amable / consentido   _____

2. los perros / gracioso / feroz   _____

3. el gato / perezoso / divertido   _____

4. sus hermanos / juguetón / serio   _____

5. su madre / trabajador / hablador   _____

6. su hermanita / travieso / celoso   _____

7. los vecinos / cordial / chismoso   _____

EXERCISE D   **Una encuesta telefónica** (A telephone survey)   Felipe is answering a
telephone survey about the things he watches on television. Express what
he says about them.

EXAMPLE: ¿Cómo son las películas?   (*formidable*)
           Las películas son **formidables.**

1. ¿Cómo son los programas de deportes?   (*fabuloso*)

   _____

2. ¿Cómo son los concursos?   (*emocionante*)

   _____

3. ¿Cómo es el noticiero?   (*informativo*)

   _____

4. ¿Cómo es el pronóstico del tiempo?   (*aburrido*)

   _____

5. ¿Cómo son los dibujos animados?   (*cómico*)

   _____

6. ¿Cómo son las variedades?   (*divertido*)

   _____

7. ¿Cómo son los anuncios?   (*excesivo*)

   _____

2.   Position of Adjectives

a. Descriptive adjectives normally follow the noun they describe.

un cuento *corto*   *a short story*
una mujer *bonita*   *a pretty woman*

Descriptive adjectives may stand before the noun to emphasize the quality of the adjective or its inherent characteristic.

Oí la *suave* **voz de la cantante.**   *I heard the soft voice of the singer.*
Me gusta el *dulce* **sabor del mango.**   *I like the sweet flavor of the mango.*

NOTE: Some adjectives have different meanings depending on their position. These adjectives are:

	AFTER THE NOUN	BEFORE THE NOUN
antiguo, -a	old (ancient)	old (former, old-time)
cierto, -a	sure; true	a certain
grande	large, big	great
mismo, -a	him (her, it)-self	same
nuevo, -a	new	another, different
pobre	poor	unfortunate
simple	silly, simpleminded	simple, mere

Es un barco *grande.*   *It's a big ship.*
Es un *gran* **barco.**   *It's a great ship.*

b. Limiting adjectives (numbers, possessive and demonstrative adjectives, adjectives of quantity) generally precede the noun.

seis **muchachos**   *six boys*   *ese* **señor**   *that man*
ninguna **respuesta**   *no answer*   *tal* **cosa**   *such a thing*
tus **amigas**   *your friends*   *más* **postre**   *more dessert*

COMMON LIMITING ADJECTIVES

algunos, -as *some*   **poco, -a, -os, -as** *little, few*
cada *each, every*   **tal** *such (a)*
cuanto, -a, -os, -as *as much*   **tanto, -a, -os, -as** *so much, so many*
más *more*   **todo, -a, -os, -as** *all, every*
menos *less*   **unos, -as** *some*
ningunos, -as *no, not any*   **unos, -as cuantos, -as** *a few*
numerosos, -as *numerous*   **varios, -as** *several*

EXERCISE E   **Mi dormitorio** Lucy is making a list of the things she needs for her dormitory room. Express what she needs.

EXAMPLE: cama / cómodo   una cama **cómoda**

1. cortinas / grueso   _____

2. alfombra / sencillo   _____

3. estantes / ancho   _____

4. lámparas / moderno   _____

5. televisor / grande   _____

6. cubrecama / azul   _____

7. computadora / portátil   _____

8. cuadros / interesante   _____

EXERCISE F   **¿Qué vimos en el museo?** Make a list of the things you and a classmate saw during a school trip to a museum.

EXAMPLE: cuadro / mucho, antiguo   **muchos cuadros antiguos**

PARA EXPRESARSE MEJOR
El museo

la espada *sword*   **toledano** *Toledan*
el escudo *shield, coat of arms*   **egipcio** *Egyptian*
precolombino *pre-Columbian*

---

1. escultura / alguno, clásico   _____

2. espada / uno, toledano   _____

3. libro / numeroso, ilustrado   _____

4. porcelana / tanto, fino   _____

5. escudo / varios, interesante   _____

6. artefacto / mucho, precolombino   _____

7. tumba / uno, egipcio   _____

8. tapiz / varios, real   _____

3.   Adjectives with Shortened Forms

a. The following adjectives drop the final *-o* when used before a masculine singular noun: *uno, bueno, malo, primero, tercero, alguno, ninguno. Alguno* and *ninguno* require an accent mark when the *-o* is dropped: *algún, ningún.*

un carro *one (a) car*	**el** *tercer* **año** *the third year*
un *buen* **día** *a good day*	*algún* **dinero** *some money*
el *primer* **día** *the first day*	*ningún* **tiempo** *no time*

NOTE: If a preposition comes between the adjective and the noun, the full form of the adjective is used.

el *primero* **de abril**   *April first*

ninguno **de los alumnos**   *none of the students*

b. *Santo* becomes *San* before the masculine name of a saint, except with names beginning with *Do-* or *To-*.

San Juan *Saint John*	**San Andrés** *Saint Andrew*

But

Santo Domingo *Saint Dominic*	**Santo Tomás** *Saint Thomas*

c. *Grande* becomes *gran* when used before a singular noun of either gender.

un *gran* **político**
una *gran* **política**   } *a great politician*

But

un pueblo *grande*   *a large town*
una ciudad *grande*   *a large city*

d. *Ciento* becomes *cien* before a noun of either gender and before the numbers *mil* and *millones.* This short form is not used with multiples of *ciento* (*seiscientos, ochocientos*) or in combination with any other number.

cien **libros (revistas)**   *one hundred books (magazines)*

cien **mil dólares**   *one (a) hundred thousand dollars*

cien **millones de personas**   *one (a) hundred million people*

But

doscientos **jugadores**   *two hundred players*

cuatrocientas **etiquetas**   *four hundred tags*

ciento **veintidós dólares**   *one hundred twenty-two dollars*

EXERCISE G   **Saludos**   Vince is on his first cruise and is keeping in touch with his friends by e-mail. Complete his message with the appropriate form of the adjectives given.

Queridos amigos:

Es _____ _____ vez que salgo en _____ crucero. Nos
          1. (el)   2. (primero)   3. (uno)

embarcamos en _____ _____ puerto de _____ Juan. Ayer
                    4. (el)   5. (lindo)   6. (Santo)

visitamos _____ isla _____ de _____ Tomás y mañana
               7. (el)   8. (encantador)   9. (Santo)

llegamos a _____ Domingo. Hay más de _____ jóvenes en el barco y
                10. (Santo)   11. (ciento)

conocí a _____ grupo de jóvenes _____ . Pasamos _____
              12. (uno)   13. (simpático)   14. (varios)

horas en _____ piscina del barco cada día y luego jugamos a _____
              15. (el)   16. (distinto)

juegos. Aprendí a jugar al tejo y ya soy _____ _____ jugador de
                                              17. (uno)   18. (bueno)

_____ deporte. Hace _____ tiempo _____ _____
   19. (este)   20. (bueno)   21. (todo)   22. (el)

días y el mar _____ está muy _____ . Hay _____ discoteca
                  23. (azul)   24. (tranquilo)   25. (uno)

_____ en el barco y suelo pasar _____ tiempo allí con mis
   26. (fabuloso)   27. (mucho)

_____ amigos. Tocan _____ _____ canciones que me
   28. (nuevo)   29. (todo)   30. (el)

gustan. ¿Recibieron _____ noticia de Esteban? Quiero saber si está pasando
                          31. (alguno)

_____ _____ rato en _____ Fe, _____
   32. (uno)   33. (bueno)   34. (Santo)   35. (Nuevo)

México. _____ saludos _____ a todos.
            36. (Mucho)   37. (cariñoso)

Vince

EXERCISE H   **Preguntas**   Answer the questions Elena was asked about her recent study
abroad trip. Use the cues given to form your answers.

1. ¿Cuántos jóvenes había en la excursión?   (*126*)

   _____

2. ¿Visitaron ciudades grandes?   (*mucho, grande, interesante*)

   _____

3. ¿Compraste muchos recuerdos?   (*ninguno*)

   _____

4. ¿Hiciste muchos amigos?   (*uno, bueno*)

   _____

5. ¿A quién conociste en el curso?   (*poetiza / grande*)

_____

6. ¿Participaste en un concurso?   (*numeroso, dramático*)

_____

7. ¿Ganaste un premio?   (*pesetas / ciento*)

_____

8. ¿Cuándo piensas volver?   (*día / alguno*)

_____

EXERCISE I	**Una beca** (A scholarship) You are applying for a scholarship for a summer program. Write a paragraph of ten sentences in which you describe yourself. Include information about your background, your appearance, and your personality, using as many adjectives as you can.

_____

_____

_____

_____

_____

_____

_____

_____

_____

CHAPTER 7
Prepositions

1. Prepositions

Prepositions relate two elements of a sentence: noun to noun, verb to noun or pronoun, or verb to infinitive.

una corbata *de* seda	*a silk tie*
Yo salgo *con* ellos.	*I go out with them.*
Entran *en* el teatro.	*They enter the theater.*
Tú vas *a* nadar.	*You are going to swim.*

a. The Preposition *A*

1. *A* is used to indicate direction or destination.

Yo doblo *a* la derecha.	*I turn to the right.*
Vamos *a* España.	*We are going to Spain.*
Llegaron *al* parque.	*They arrived at the park.*

> **NOTE:** 1. *A* (to) combines with *el* (the) to form the contraction *al* (to the). *A* never forms a contraction with the other articles (*la, los, las*).
>
> | | |
> |---|---|
> | **Ella va *al* banco.** | *She goes to the bank.* |
> | **Yo le hablo *al* hombre.** | *I speak to the man.* |
>
> *But*
>
> | | |
> |---|---|
> | **Van *a la* fiesta.** | *They go to the party.* |
> | **Mi mamá les habla *a los* maestros.** | *My mother speaks to the teachers.* |
>
> 2. In some expressions, *a* + definite article is used where there is no equivalent in English.
>
> | | |
> |---|---|
> | **Yo juego *al* tenis.** | *I play tennis.* |

2. *A* is required before direct objects, if the direct object is a person, a personalized group, a pet, or something personified.

Ella ve *a* las amigas.	*She sees the friends.*
Ellos visitan *a* la familia.	*They visit the family.*
Yo invito *a* mi tío.	*I invite my uncle.*
Felipe saca *al* perro.	*Felipe takes the dog out.*

But

Yo visito el museo.	*I visit the museum.*
Tom saca el disco compacto.	*Tom takes out the compact disc.*

3. *A* is required before the pronouns *¿quién?*, *¿quiénes?*, *nadie* and *alguien*, when they refer to a person.

No vimos *a* nadie.	*We didn't see anyone.*
Conoció *a* alguien en la feria.	*He met someone at the fair.*
¿*A* quiénes buscan Uds.?	*Whom are you looking for?*

NOTE: 1. When used before direct objects, *a* (personal *a*) has no equivalent in English. When used before indirect objects, it translates as "to."

Saludan *a* su tía.	*They greet their aunt.*
Le hablan *a* su tía.	*They speak to their aunt.*

2. The personal *a* is not used after the verb *tener* (to have).

Tiene dos hermanos.	*He has two brothers.*
Tenemos muchos amigos.	*We have many friends.*

4. *A* can be used to express "at" or "on" in certain expressions of time and location.

¿*A* qué hora es la fiesta?	*At what time is the party?*
***A* las ocho y media de la noche.**	*At 8:30 P.M.*
El café queda *a* la izquierda.	*The cafe is on the left.*

EXERCISE A   ¿Adónde van?   Tell where these people are going.

EXAMPLE: Nell y Ralph **van a la fiesta**.

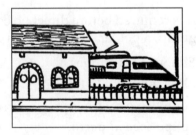

1. Mamá _____   2. Jeff _____

_____ .   _____ .

3. Larry y yo _____

_____ .

6. Yo _____

_____ .

4. Silvia y Andrea _____

_____ .

7. Wendy _____

_____ .

5. Tú _____

_____ .

8. Los viajeros _____

_____ .

EXERCISE B **Un día ocupado** Everyone has plans for the day. Tell what they intend to do.

EXAMPLE: yo / visitar / los abuelos **Yo pienso visitar** a los abuelos.

1. Francisco / jugar / el tenis

_____

2. la abuela / cuidar / los nietos

_____

3. tú / acompañar / las amigas / el centro

_____

4. Nick / ver / la película

_____

5. Jane y yo / ayudar / Susana

_____

6. Vicki y Lina / hablar / el maestro de baile

_____

7. yo / buscar / los nuevos vecinos

_____

| EXERCISE C | **Preguntas**   Answer the questions a new neighbor asks. Use the cues in parentheses in your responses.

1. ¿A qué hora abren las tiendas?   (_9:30 A.M._)

_____

2. ¿Dónde queda el centro comercial?   (_una milla de aquí_)

_____

3. ¿Vives en la casa a la derecha?   (_la izquierda_)

_____

4. ¿Dónde está la biblioteca?   (_final de la calle principal_)

_____

5. ¿A qué hora recogen la basura?   (_7:00 A.M._)

_____

b. The Preposition _DE_

1. _De_ corresponds to English "of," "from," or "about."

¿_De_ quiénes hablan ellos?	_About whom are they speaking?_
Hablan _del_ alcalde.	_They are speaking about the mayor._
Busco la carta _de_ Mario.	_I'm looking for Mario's letter._

NOTE: _De_ (of, from) combines with _el_ (the) to form _del_ (of the, from the, about the). It never combines with the other articles (_la, los, las_) to form a single word.

Él es el cantante principal _del_ grupo.	_He is the principal singer of the group._
Sacó la ropa _del_ armario.	_She took the clothing out of the closet._

But

Recibimos una carta _de los_ amigos.	_We received a letter from the friends._

2. _De_ expresses possession as follows: noun (thing possessed) followed by _de_ plus noun (possessor). This is equivalent to the English possessive expressed with "of." In Spanish there is no apostrophe to indicate possession.

la mochila *de* **Alberto**	*the book bag of Alberto* (*Alberto's book bag*)
el anillo *de la* **niña**	*the ring of the girl* (*the girl's ring*)
las recetas *del* **cocinero**	*the recipes of the cook* (*the cook's recipes*)

3. *¿De quién, -es?* (Whose?) is used to ask to whom something belongs.

¿De quién **son los guantes?**	*Whose* (*sing.*) *gloves are they?*
¿De quiénes **son los libros?**	*To whom* (*pl.*) *do the books belong?*

EXERCISE D   ¿Quiénes son?   You are at a reception and meet new people. Tell who these people are.

EXAMPLE: Manuela / secretario / director ejecutivo
Manuela **es la secretaria del** director ejecutivo.

1. el señor / presidente / Banco Popular

   _____

2. Víctor / autor / libro infantil «Los traviesos»

   _____

3. Janet y Jennifer / socio / nueva empresa «Moda»

   _____

4. Alex / inventor / juguetes más populares

   _____

5. Migdalia / director / escuela experimental

   _____

6. Arturo y Sarita / padre / actor famoso

   _____

7. Andrés / curador / Museo de Arte

   _____

EXERCISE E   ¿De quiénes son?   Tell to whom the following articles belong.

EXAMPLE: los pinceles / pintor   **Son** los pinceles **del** pintor.

PARA EXPRESARSE MEJOR

el patrón *pattern*	**la brújula** *compass*
la escoba *broom*	**el/la alpinista** *hiker*
la bruja *witch*	

1. los patrones / modista   _____

2. la escoba / bruja   _____

3. los libros / alumnos   _____

4. las plantas / jardinero   _____

5. el avión / piloto   _____

6. la brújula / alpinistas   _____

7. las recetas / cocinera   _____

| EXERCISE F | **Todos están hablando.**   In the theater, everyone is busy talking before the curtain goes up. Tell what everyone is talking about.

EXAMPLE: los señores Camacho / el tiempo
    Los señores Camacho **hablan del** tiempo.

1. muchas personas / las reseñas de la obra

_____

2. Hilda / la salud de una amiga

_____

3. Clara y Verónica / el reparto

_____

4. yo / los sucesos del día

_____

5. tú / los equipos de fútbol

_____

6. Miguel / el resultado de las elecciones

_____

   c. The Preposition CON

      1. *Con* corresponds to English "with." It is followed by a prepositional pronoun.

         Voy *con* ella a la fiesta.   *I'm going to the party with her.*
         Ellos vienen *con* nosotros.   *They are coming with us.*

      2. The prepositional pronouns *mí* and *ti* combine with con as follows:

         conmigo *with me*
         Ellos salen conmigo.   *They are leaving with me.*

         contigo *with you*
         Voy contigo.   *I'm going with you.*

| EXERCISE G | **Compañeros**   Elizabeth is telling with whom she and her classmates do different activities at school. Express what she says.

EXAMPLE: yo / leer / Alicia   Yo **leo con** Alicia.

1. mis amigas / almorzar / yo   _____

2. Freddy / correr / Javier y Fernando   _____

3. Daniela / hablar / tú   _____

4. yo / pintar / Uds.   _____

5. los muchachos / no jugar / las muchachas _____

6. la maestra / practicar el ejercicio / yo   _____

> **d.** The Preposition *EN*
>
> > **1.** *En* is used to express location and corresponds to English "at," "in," or "on."
> >
> > | | |
> > |---|---|
> > | **Estoy *en* el metro.** | *I'm in the subway.* |
> > | **Todo el mundo está *en* casa.** | *Everyone is at home.* |
> > | **Las llaves están *en* la mesa.** | *The keys are on the table.* |
> >
> > **2.** *En* is used to show a period of time.
> >
> > | | |
> > |---|---|
> > | **Nos vemos *en* dos semanas.** | *We'll see each other in two weeks.* |
> > | **Llegué a casa *en* quince minutos.** | *I arrived home in fifteen minutes.* |
> >
> > **3.** *En* is used to show a means of transportation.
> >
> > | | |
> > |---|---|
> > | **Van a la escuela *en* autobús.** | *They go to school by bus.* |
> > | **Prefiero viajar *en* avión.** | *I prefer to travel by plane.* |

EXERCISE H   **Una escena** Ruth is commenting on something she observed in a restaurant. Complete her statements.

Nosotros estamos ————— un restaurante. Una familia con tres hijos está ————— otra mesa.
                          1.   2.

La mamá habla ————— voz alta porque los niños no le hacen caso. Ella les dice: «Dejen los
                     3.

cubiertos ————— la mesa. No pongan sal ————— el refresco. Pongan las manos —————
              4.   5.   6.

la mesa. No sé como puedo regresar a casa ————— carro con estos niños hoy». El papá se
                                                      7.

levanta y les dice: «Yo regreso ————— diez minutos».
                                      8.

2.   Prepositional Phrases

Prepositional phrases are made up of two or more words.

al lado de *next to*	**delante de** *in front of*
antes de *before*	**después de** *after*
cerca de *near*	**detrás de** *behind*
debajo de *under, beneath*	**en vez de** *instead of*

de *on, upon, on top of*   **lejos de** *far from*
frente a *facing, across from*

| **EXERCISE 1** | **El cuarto** Tell where the items indicated are located in the drawing below. |

EXAMPLE: la computadora / el escritorio   La computadora **está encima del** escritorio.

1. la mesita / la cama   _____

2. los tenis / la cama   _____

3. el escritorio / la cama   _____

4. la silla / el escritorio   _____

5. el armario / el escritorio   _____

6. el estante / la ventana   _____

3.   *PARA* and *POR*

a. *Para* expresses:

(1) purpose or goal.

Comemos *para* **ser sanos.**	*We eat to be healthy.*
Estudia *para* **ser maestra.**	*She studies to be a teacher.*
Ahorra dinero *para* **viajar.**	*He saves money in order to travel.*

(2) the special use of an object.

| **Es un champú** *para* **el pelo rizado.** | *It's a shampoo for curly hair.* |

Es una copa *para* **vino.**	*It's a wine glass.*

But

Es una copa *de* **vino.**	*It's a glass of wine.*

(3) destination or direction.

Salieron *para* **las montañas.**	*They left for the mountains.*
La tarjeta es *para* **ti.**	*The card is for you.*

(4) a time or date in the future.

La necesito *para* **el jueves.**	*I need it for (by) Thursday.*
Llegaré *para* **las seis.**	*I will arrive by six o'clock.*

(5) "considering that,"when comparing a person, object, or situation with others of its kind.

Para **niña, habla bien.**	*For a child, she speaks well.*

(6) "to be about to," in the form *estar para* + infinitive.

Estoy *para* **acostarme.**	*I'm about to go to bed.*

b. *Por* expresses:

(1) in exchange for.

Pagué cinco dólares *por* **la revista.**	*I paid five dollars for the magazine.*
Ellas cambian esta blusa *por* **otra.**	*They exchange this blouse for another one.*

(2) "along," "through," "by," and "around," after a verb of motion.

Entran *por* **la puerta principal.**	*They enter through the main door.*
Corrió *por* **el lago.**	*He ran along the lake.*
Pasaste *por* **allí una vez.**	*You passed by there once.*

(3) the duration of an action.

Leí *por* **tres horas.**	*I read for three hours.*

(4) "for the sake of" and "on behalf of."

Lo dije *por* **ella.**	*I said it for her.*
Habló *por* **mí.**	*He spoke on my behalf.*

(5) "in favor of," in the form *estar por* + infinitive.

Estamos *por* **descansar ahora.**	*We are in favor of resting now.*

(6) "for" after *enviar* (to send), *ir* (to go), *luchar* (to fight), *mandar* (to send), and *preguntar* (to ask).

Envía (Manda) *por* **la policía.**	*She sends for the police.*
Vamos *por* **el periódico.**	*We go for the newspaper.*
Luchan *por* **sus ideales.**	*They fight for their ideals.*

Pregunté *por* **Amy.**   *I asked for Amy.*

NOTE: 1. *Por* and *para* are not used with *buscar* (to look for, to seek), *esperar* (to wait for, to await), or *pedir* (to ask for, to request).

Busco **un reloj de oro.**   *I'm looking for a gold watch.*

Esperamos **un taxi.**   *We are waiting for a taxi.*

Pidieron **más café.**   *They asked for more coffee.*

2. *En* is used instead of *por* to express "by" + means of transportation.

El paquete llegó *por* **avión.**   *The package arrived by air.*

But

Hice el viaje *en* **avión.**   *I made the trip by plane.*

EXERCISE J   **La buena salud** (Good health)   A friend is giving you some advice on maintaining good health. Complete each statement with *para* or *por*, if necessary.

1. _____ joven, no estás en buena forma.

2. _____ estar bien, debes hacer lo que te digo.

3. No pases el tiempo hablando _____ teléfono.

4. Busca _____ actividades divertidas.

5. Usa tenis especiales _____ correr.

6. Haz el régimen de ejercicios tres veces _____ semana.

7. Camina _____ el parque lo más posible.

8. Descansa _____ una hora después de comer.

9. Duerme ocho horas _____ la noche.

10. Cambia las malas costumbres _____ las buenas costumbres.

11. Sustituye las verduras _____ los dulces.

12. Te lo aconsejo _____ tu bienestar.

4.   Prepositional Pronouns

a. When a personal pronoun follows a preposition, it takes the following forms:

SINGULAR	PLURAL
mí *me* **ti** *you* (familiar) **usted (Ud.)** *you* **él** *him, it* **ella** *her, it*	**nosotros, -as** *us* **vosotros, -as** *you* (familiar) **ustedes (Uds.)** *you* **ellos** *them* (masculine) **ellas** *them* (feminine)

b. Prepositional pronouns are used as the objects of a preposition, and always follow the preposition.

Lo hago por *ti*, no por *ella*.   *I am doing it for you, not for her.*

c. *Mí* and *ti* combine with the preposition *con* as follows:

conmigo *with me*   **contigo** *with you*

NOTE: 1. The forms of the prepositional pronouns are the same as those of the subject pronouns, except for *mí* and *ti*.

2. The forms *conmigo* and *contigo* do not change in number and gender.

3. The familiar plural form *vosotros, -as* is used in Spain but rarely in Spanish America, where the form *ustedes* (*Uds.*) is preferred.

Common Prepositions

a *to, at*	**de** *of, from*	**para** *for*
cerca de *near*	**en** *in, on*	**por** *for*
con *with*	**entre** *between, among*	**sin** *without*
contra *against*	**hacia** *toward*	**sobre** *on top of, over*

EXERCISE K   **Amigos** Complete the paragraph that Luke wrote about his friends with the appropriate prepositional pronouns.

A ———— me gusta mucho viajar. Mis amigos Julio y Hugo siempre viajan con ————.
_1._   _2._

Ellos viven cerca de ———— y pasamos mucho tiempo juntos. A ———— nos gusta el mar y
_3._   _4._

tratamos de pasar mucho tiempo en ————. Para ———— los cruceros ofrecen muchas di-
_5._   _6._

versiones. Aunque me gusta hacer otras cosas durante las vacaciones, siempre cambio de

planes por ————. Entre ———— existe una amistad formidable y no quiero hacer ningún
_7._   _8._

viaje sin ————.
_9._

5.   Verbs Followed by Prepositions

a. In Spanish, infinitives are the only verb form that may immediately follow a preposition.

Van a *estudiar.*	*They are going to study.*
Habló sin *pensar.*	*He spoke without thinking.*
Acabamos de *comer.*	*We have just eaten.*

VERBS REQUIRING *A* BEFORE AN INFINITIVE

comenzar (empezar, ponerse) *a* + infinitive   *to begin to*

ir *a* + infinitive   *to go to + verb*

correr *a* + infinitive   *to run to + infinitive*

venir *a* + infinitive   *to come to + infinitive*

acercarse *a* + infinitive   *to approach + infinitive*

apresurarse *a* + infinitive   *to hurry to + infinitive*

enseñar *a* + infinitive   *to teach to + infinitive*

aprender *a* + infinitive   *to learn to + infinitive*

ayudar *a* + infinitive   *to help (to) + infinitive*

acostumbrarse *a* + infinitive   *to be accustomed to*

atreverse *a* + infinitive   *to dare to*

convidar *a* + infinitive   *to invite to*

decidirse *a* + infinitive   *to decide to*

dedicarse *a* + infinitive   *to devote oneself to*

invitar *a* + infinitive   *to invite to*

llegar *a* + infinitive   *to succeed in*

negarse *a* + infinitive   *to refuse to*

obligar *a* + infinitive   *to force, to compel to*

NOTE: Verbs expressing beginning, motion, teaching or learning, helping, and several others require *a* before an infinitive.

VERBS REQUIRING *DE* BEFORE AN INFINITIVE

acabar de *to have just*	**dejar de** *to fail to, to stop*
acordarse de *to remember to*	**encargarse de** *to take charge of*
alegrarse de *to be glad*	**olvidarse de** *to forget to*
cesar de *to stop*	**tratar de** *to try to*

VERBS REQUIRING *EN* BEFORE AN INFINITIVE

consentir (ie) en *to consent to*	**meterse en** *to become involved in*
consistir en *to consist of*	**quedar en** *to agree to*
convenir en *to agree to*	**tardar en** *to be long in, to delay in*
insistir en *to insist on*	

VERBS REQUIRING NO PREPOSITION BEFORE AN INFINITIVE

deber	*ought to, must*	**pensar (ie)**	*to intend*
dejar	*to let, to allow*	**poder (ue)**	*to be able, can*
desear	*to desire*	**querer (ie)**	*to want*
esperar	*to hope, to expect*	**saber**	*to know (how)*
hacer	*to make, to have (something done)*	**soler (ue)**	*to be in the habit of*
lograr	*to succeed in*	**ver**	*to see*
oír	*to hear*		

EXERCISE L   **Madrugadores** (Early risers) These people always get up early. Tell what they are going to do.

EXAMPLE: Claudio / ir / correr tres millas   Claudio **va a** correr tres millas.

1. Timothy / apresurarse / terminar un proyecto

_____

2. tú / ayudarme / pintar la casa

_____

3. mis hermanos / acostumbrarse / despertarse temprano

_____

4. Alberto y yo / correr / tomar el tren de las seis.

_____

5. yo / decidirme / tomar un curso en la computadora

_____

6. los señores Ponce / negarse / malgastar el tiempo

_____

7. los bomberos / comenzar / trabajar temprano

_____

8. Ed / aprender / conducir

_____

EXERCISE M   **El último mensaje electrónico** Sonia is tired of having to respond to electronic messages. Complete her last electronic message with the prepositions *de* or *en*.

Queridos amigos:

Aunque Uds. insisten ———— usar el sistema de mensajes electrónicos, yo acabo ————

　　　　　　　　　　　　1.　　　　　　　　　　　　　　　　　　　　　　　　　2.

tomar una decisión drástica. Con este mensaje yo dejo ———— suscribirme al servicio de

　　　　　　　　　　　　　　　　　　　　　　　3.

mensajes electrónicos y ceso ———— mandárselos. Desde hace mucho mi vida consiste

4.

———— pasar horas contestando sus mensajes. Yo no me acuerdo ———— escuchar su voz

5.   6.

y voy a tratar ———— ser una amiga mejor por medio del teléfono. Yo convengo ———— no

7.   8.

mandarles más mensajes y me alegro ———— poder marcar su número de teléfono de nuevo.

                                   9.

Su amiga,

Sonia

EXERCISE N   **Planes**   Tell what each of the following people is planning to do.

EXAMPLE: María / pensar / estudiar en la universidad

            María **piensa estudiar** en la universidad.

1. Alejandro / querer / llegar a ser dentista

2. el señor Solís / deber / pagar las deudas

3. yo / esperar / asistir al partido el sábado

4. Lance y yo / preferir / estudiar juntos

5. tú / desear / comer en un restaurante elegante del centro

6. Uds. / necesitar / comprar los boletos con anticipación

7. Joan / pensar / invitar a varios amigos

8. mis amigos y yo / esperar / disfrutar de las vacaciones

EXERCISE O   **Preguntas**   Answer your friend's questions.

1. ¿Piensas trabajar durante las vacaciones de verano?

2. ¿Deben Uds. trabajar para tener el dinero para sus gastos personales?

3. ¿Qué curso tienes que tomar durante el verano?

    _____

4. ¿Con quién acabas de hablar?

    _____

5. ¿Dónde quieres vivir algún día?

    _____

6. ¿A quiénes convidas a cenar contigo?

    _____

7. ¿Sueles hacer todas las cosas bien?

    _____

8. ¿En qué actividades de la comunidad te metes?

    _____

| **EXERCISE P** | **Preparativos**   Write a paragraph of ten sentences in which you describe the preparation you have to do for a special project in which you are involved. Include in the paragraph as many of the verb + preposition + infinitive and other constructions in this chapter as possible. |

_____

_____

_____

_____

_____

_____

_____

_____

_____

CHAPTER 8
The Preterit Tense

The preterit tense is used to express an action or event completed in the past.

1. The Preterit of Regular Verbs

a. The preterit tense of regular *-ar, -er,* and *-ir* verbs is formed by dropping the infinitive ending and adding the preterit endings to the stem.

	descansar *to rest*	aprender *to learn*	asistir *to attend*
yo	descansé	aprendí	asistí
tú	descansaste	aprendiste	asististe
Ud., él, ella	descansó	aprendió	asistió
nosotros, -as	descansamos	aprendimos	asistimos
vosotros -as	descansasteis	aprendisteis	asististeis
Uds., ellos, ellas	descansaron	aprendieron	asistieron

NOTE: In the preterit, the *nosotros* ending for *-ar* verbs is the same as in the present tense: **cerramos** (we close, we closed).

b. The preterit endings for *-er* and *-ir* verbs are the same. For *-ir* verbs, the *nosotros, -as* ending is the same as in the present tense: *abrimos* (we open, we opened). For *-er* verbs, the endings are different: *vendemos* (we sell), *vendimos* (we sold).

EXERCISE A   **El fin de semana** When Armando returned to class on Monday, he and his friends explained what they did during the weekend. Express what they said.

EXAMPLE: yo / celebrar el cumpleaños de mi hermana
Yo **celebré** el cumpleaños de mi hermana.

1. Jorge / montar en bicicleta. _____

2. Sofía y yo / comprar varios juguetes _____

3. tú / ayudar a tu abuelo _____

4. Víctor y Julio / patinar _____

5. Dennis / mirar una película _____

6. Imelda / nadar en la playa _____

7. nadie / preparar la tarea _____

EXERCISE B   **Una feria escolar** (A school fair)   Tell what these people did at the school fair.

EXAMPLE: Lucy / beber muchos refrescos   Lucy **bebió** muchos refrescos.

1. Adela y yo / comer al aire libre   _____

2. ellos / subir en el carrusel   _____

3. yo / aprender a jugar al juego del volante   _____

4. tú / descubrir un juego divertido   _____

5. Raquel / comer palomitas   _____

6. Juan y Muriel / vender globos   _____

7. todo el mundo / aplaudir a los ganadores   _____

EXERCISE C   **Después de las vacaciones**   Answer the questions you are asked about the cruise you took during a recent vacation. Use the cues provided.

1. ¿Visitaste muchas playas? (*sí*)

_____

2. ¿Conocieron Uds. a muchas personas? (*sí*)

_____

3. ¿Organizaron los encargados muchas actividades para jóvenes? (*sí*)

_____

4. ¿Nadaste en la piscina del barco? (*no*)

_____

5. ¿Por qué no nadaste en la piscina? (*preferir nadar en las playas tropicales*)

_____

6. ¿Desembarcaron Uds. en muchos puertos? (*varios*)

_____

7. ¿Compró tu mamá muchos recuerdos en cada puerto? (*sí*)

_____

8. Comiste comidas deliciosas, ¿verdad? (*sí*)

_____

9. ¿Cuándo volviste a casa? (*anteayer*)

_____

10. ¿Sufrió alguien mareos en el barco? (*nadie*)

_____

| EXERCISE D | **Cambio de planes** (Change of plans)   Explain the change of plans that took place over the weekend. |

EXAMPLE: Yo asisto al concierto. (*mi hermana*)
Yo **no asistí** al concierto; mi hermana **asistió.**

1. Gloria y su novio comen en un restaurante. (*toda la familia*)

_____

2. Mi mamá compra ropa nueva. (*mis hermanas*)

_____

3. Estela cuida a su hermanito. (*yo*)

_____

4. Yo escojo los programas de televisión. (*tú*)

_____

5. Mis padres deciden las actividades. (*mis hermanos y yo*)

_____

6. Nosotros volvemos a la fiesta. (*yo*)

_____

2.   The Preterit of Verbs with Stem-Changes

a. *-Ar* and *-er* verbs with stem-changes in the present (*o* to *ue*; *e* to *ie*) do not change the stem in the preterit tense:

INFINITIVE	PRESENT	PRETERIT
encontrar	encuentro	encontré
cerrar	cierro	cerré
volver	vuelvo	volví
perder	pierdo	perdí

b. *-Ir* verbs with stem-changes in the present change the stem vowel from *e* to *i* and *o* to *u* in the third-person singular and plural of the preterit.

	repetir *to repeat*	dormir *to sleep*
yo	repetí	dormí
tú	repetiste	dormiste
Ud., él, ella	repitió	durmió
nosotros, -as	repetimos	dormimos
vosotros, -as	repetisteis	dormisteis
Uds., ellos, ellas	repitieron	durmieron

VERBS LIKE *REPETIR*

medir *to measure*	**reñir** *to argue, to scold*
pedir *to ask for*	**sentir** *to feel*
preferir *to prefer*	**servir** *to serve*
referir *to tell*	**vestir** *to dress*

VERBS LIKE *DORMIR*

morir *to die*	**podrir** *to rot*

NOTE: *-Ir* verbs that have *ñ* directly before the ending (*reñir*) drop the *i* of the ending in the third-person singular and plural (*riñó, riñeron*). The original sound of the ending is kept because of the *ñ*.

EXERCISE E   **Por primera vez**   Your young cousin is describing her first visit to a restaurant with her family. Express what she says.

EXAMPLE: una mesera / servirnos   Una mesera **nos sirvió.**

1. ella / repetir las especialidades dos veces

_____

2. mi papá / pedir la comida

_____

3. yo / pedir una hamburguesa y papas fritas

_____

4. dos meseras / servirnos la comida

_____

5. todo el mundo / pedir refrescos

_____

6. Virginia y yo / repetir el postre

_____

7. el bebé / dormir durante el almuerzo

_____

EXERCISE F   **Resultados**   Tell what happened in each of these situations using the cues provided.

EXAMPLE: Mi abuela va a hacer cortinas nuevas.   (*medir la tela*)
           Mi abuela **midió** la tela.

1. Carlos no tiene ganas de ver esa película.   (*dormirse en el cine*)

_____

2. Mi tía no recuerda lo que dice. (*referir el mismo cuento dos veces*)

_____

3. Lance no puede hacer la tarea. (*pedir ayuda*)

_____

4. A mis hermanos les gustan los tacos. (*repetir los tacos*)

_____

5. Gloria ayuda a su mamá cuando hay invitados. (*servir la sopa*)

_____

6. El pollo está fuera del refrigerador. (*podrir*)

_____

7. A las niñas les gusta jugar con las muñecas. (*vestir las muñecas*)

_____

8. Norma olvida regar las plantas. (*morir*)

_____

3.   The Preterit of Verbs with Spelling Changes

   a. Verbs ending in *-car*, *-gar*, and *-zar* have a spelling change in the *yo*-form of the preterit.

      1. Verbs ending in *-car* change *c* to *qu* before adding *é*. This change occurs to keep the original sound of the *c*.

         pescar *to fish*   **Yo pesqué.** *I fished.*

VERBS LIKE *PESCAR*

aplicar *to apply*	**explicar** *to explain*
buscar *to look for, to seek*	**indicar** *to indicate*
colocar *to place, to out*	**practicar** *to practice*
comunicar *to communicate*	**sacar** *to take out*
dedicar *to dedicate*	**tocar** *to touch, to play (an instrument)*

      2. Verbs ending in *-gar* change *g* to *gu* before adding *é*. This change occurs to keep the original sound of the *g*.

         pagar *to pay*   **Yo pagué.** *I paid.*

VERBS LIKE *PAGAR*

apagar *to put out, to extinguish*	**entregar** *to deliver, to hand over*
castigar *to punish*	**jugar** *to play (games, sports)*
colgar *to hang*	**llegar** *to arrive*

3. Verbs ending in -zar change z to c before adding é. In -zar verbs the change occurs because z rarely precedes e or i in Spanish.

almorzar *to eat lunch*   **Yo almorcé.** *I ate lunch.*

VERBS LIKE *ALMORZAR*

abrazar *to embrace, to hug*   **gozar** *to enjoy*
avanzar *to advance*   **lanzar** *to throw*
comenzar *to begin*   **rezar** *to pray*
empezar *to begin*

b. In the preterit, -er and -ir verbs whose stems end in a vowel change the endings of the third-person singular and plural forms from -ió to -yó and -ieron to -yeron, respectively. The i has an accent in all the other forms.

	caer to fall	poseer to possess	leer to read	oír to hear
yo	caí	poseí	leí	oí
tú	caíste	poseíste	leíste	oíste
Ud. / él / ella	cayó	poseyó	leyó	oyó
nosotros, -as	caímos	poseímos	leímos	oímos
vosotros, -as	caísteis	poseísteis	leísteis	oísteis
Uds. /ellos / ellas	cayeron	poseyeron	leyeron	oyeron

OTHER STEM-CHANGING *-ER* AND *-IR* VERBS

contribuir *to contribute*   **distribuir** *to distribute*
construir *to construct, to build*   **huir** *to flee*
creer *to believe*   **incluir** *to include*

NOTE: 1. Exceptions are *traer, atraer,* and all verbs ending in *-guir.*

2. Verbs that end in *-uir* do not have an accent in the endings *-uiste, -uimos,* and *-uisteis.*

EXERCISE G   **Eventos pasados** Tell when you did each of these activities. Use one of the following words or expressions expressing past time.

PARA EXPRESARSE MEJOR

anoche *last night*   **el mes (año) pasado** *last month (year)*
anteayer *the day before yesterday*   **la semana pasada** *last week*
ayer *yesterday*

EXAMPLE: practicar el piano   Yo **practiqué** el piano anteayer.

1. colgar los anuncios   _____

2. almorzar con los amigos   _____

3. abrazar a tus padres   _____

4. sacar al perro   _____

5. jugar al voleibol   _____

6. comenzar la clase de ejercicios aeróbicos   _____

7. explicar tus planes   _____

8. buscar una bicicleta nueva   _____

EXERCISE H   **Noticias**   Emma is always reporting on things she saw or heard. Express what she says.

EXAMPLE: esta hoja / caer del árbol   Esta hoja **cayó** del árbol.

1. mi papá / leer las caricaturas esta mañana

_____

2. Alfredo y Beto / creer el cuento

_____

3. los vecinos / construir un avión en el garaje

_____

4. Jessica / huir / cuando oír el relámpago

_____

5. mis padres / poseer una casa en el campo

_____

6. mi tía / no incluir a los niños en la invitación

_____

7. Raúl / no distribuir los folletos a los vecinos

_____

8. mi abuela / contribuir diez dólares a mi alcancía

_____

4.   The Preterit of Irregular Verbs

a. I-stem Verbs

The following verbs have irregular stems and endings:

INFINITIVE	STEM	PRETERIT FORM	
hacer *to do, to make*	*hic-*	hice	hicimos
		hiciste	*hicisteis*
		hizo	hicieron
querer *to want, to wish*	*quis-*	quise	quisimos
		quisiste	quisisteis
		quiso	quisieron
venir *to come*	*vin-*	vine	vinimos
		viniste	vinisteis
		vino	vinieron

NOTE: 1. The preterit endings of -*i*-stem verbs do not have accent marks.

2. In the third-person singular of *hacer,* the *c* changes to *z* to preserve the original sound.

b. U-stem Verbs

The following verbs have irregular stems and endings:

INFINITIVE	STEM	PRETERIT FORM	
andar *to walk*	*anduv-*	anduve	andu*vimos*
		andu*viste*	andu*visteis*
		anduvo	andu*vieron*
caber *to fit*	*cup-*	cupe	cupimos
		cupiste	cupisteis
		cupo	cup*ieron*
estar *to be*	*estuv-*	estuve	estu*vimos*
		estu*viste*	estu*visteis*
		estuvo	estu*vieron*
poder *to be able, can*	*pud-*	pude	pudimos
		pudiste	pudisteis
		pudo	pudieron
poner *to put*	*pus-*	puse	pusimos
		pusiste	pusisteis
		puso	pusieron
saber *to know*	*sup-*	supe	supimos
		supiste	supisteis
		supo	supieron
tener *to have*	*tuv-*	tuve	tuvimos
		tuviste	tuvisteis
		tuvo	tuvieron
traer *to bring*	*traj-*	traje	trajimos
		trajiste	trajisteis
		trajo	traj*eron*
decir *to say, to tell*	*dij-*	dije	dijimos
		dijiste	dijisteis
		di*jo*	dij*eron*
conducir *to conduct, to drive*	*conduj-*	conduje	condujimos
		condujiste	condujisteis
		condujo	conduj*eron*

NOTE: 1. The preterit endings of *u*-stem verbs do not have accent marks.

2. All verbs ending in *-ducir* are conjugated like *conducir*.

b. *Dar, ir,* and *ser*

Dar, ir, and *ser* are also irregular in the preterit. *Dar* takes the endings of regular *-er* and *-ir* verbs, but without a written accent mark in the first and third-person singular forms. *Ir* and *ser* have the same forms in the preterit.

	dar *to give*	**ir** *to go*	**ser** *to be*
yo	di	fui	
tú	diste	fuiste	
Ud., él. ella	dio	fue	
nosotros, -as	dimos	fuimos	
vosotros, -as	disteis	fuisteis	
Uds., ellos, ellas	dieron	fueron	

EXERCISE 1   **La excursión** Jackie is writing to a friend about an outing she and some friends made. Complete her message with the appropriate preterit form of the verbs in parentheses.

Querida amiga:

El domingo pasado unos amigos y yo ——————— a la playa. Mi amigo Héctor ———————
                                   1. (ir)   2. (conducir)

su carro pero todos nosotros no ——————— en el carro. Vanessa ——————— que llevar su
                                   3. (caber)   4. (tener)

carro también. Cuando nosotros ——————— la playa, no ——————— estacionar los
                                   5. (llegar)   6. (poder)

carros cerca de la playa. Los chicos ——————— una buena idea para llevar todas las cosas
                                       7. (tener)

que nosotros ——————— . Ellos ——————— la sombrilla, las toallas y las canastas de
              8. (traer)   9. (poner)

comida y refrescos sobre la tabla hawaiana (de surf) de Hugo y todos nosotros ———————
                                                                               10. (andar)

a nuestro lugar favorito en la orilla del mar. ——————— en la playa por una hora cuando
                                               11. (estar)

——————— a llover. Nosotros no ——————— regresar a los carros porque Héctor
12. (comenzar)   13. (poder)

——————— las llaves en todas partes pero no las ——————— . Nosotros ———————
14. (buscar)   15. (encontrar)   16. (correr)

debajo de la sombrilla para protegernos de la lluvia. Por fin ——————— de llover y
                                                             17. (dejar)

nosotros ——————— a nadar y a jugar al voleibol en la playa. Los chicos ——————— que
         18. (volver)   19. (decir)

Héctor siempre pierde las llaves del carro y que él ——————— lo mismo el mes pasado.
                                                    20. (hacer)

Héctor ———————— que se las ———————— a Vanessa para guardarlas en su bolsa.
  21. (decir)   22. (dar)

Nosotros ———————— a casa cansados pero contentos.
  23. (regresar)

Tu amiga,

Jackie

EXERCISE J   **El cumpleaños**   Use the cues provided to answer the questions a friend
asks about the celebration of your father's birthday.

1. ¿Cómo celebraron el cumpleaños de tu papá?   (*una fiesta*)

   _____

2. ¿Quiénes le hicieron la fiesta?   (*mis hermanos y yo*)

   _____

3. ¿Dónde tuvo lugar la fiesta?   (*un restaurante*)

   _____

4. ¿Fueron muchas personas a la fiesta?   (*sí*)

   _____

5. ¿Trajo todo el mundo un regalo?   (*sí*)

   _____

6. ¿Qué le dieron Uds.?   (*ropa y una raqueta de tenis*)

   _____

7. ¿Fue una fiesta de sorpresa?   (*sí*)

   _____

8. ¿Qué dijo tu padre cuando vio a todos los invitados?   (*No lo creo.*)

   _____

9. ¿Pudiste sacar muchas fotografías?   (*sí*)

   _____

10. ¿Vinieron tus tíos de Puerto Rico?   (*no*)

   _____

EXERCISE K   **Mi diario personal**   You are keeping a daily diary. Write an entry in your
diary of ten sentences in which you describe all of your activities during the
past twenty-four hours. Use as many verbs in the preterit tense as you can.

_____

_____

CHAPTER 9
The Imperfect Tense

The imperfect tense is used to indicate an on-going action or event occurring in the past, without any reference to its beginning or end. It is also used to describe persons, things, and events in the past, as well as to express the time of day in the past.

1. The Imperfect Tense of Regular Verbs

a. The imperfect tense of regular verbs is formed by dropping the ending (*-ar, -er, -ir*), and adding the following endings:

	trabajar *to work*	correr *to run*	vivir *to live*
yo	trabajaba	corría	vivía
tú	trabajabas	corrías	vivías
Ud., él, ella	trabajaba	corría	vivía
nosotros, -as	trabajábamos	corríamos	vivíamos
vosotros, -as	trabajabais	corríais	vivíais
Uds., ellos, ellas	trabajaban	corrían	vivían

b. Verbs with stem changes in the present tense do not change the stem vowel in the imperfect tense.

c. In the imperfect, *yo, Ud., él,* and *ella* have the same form. Subject pronouns are used if necessary to clarify the meaning of the verb.

EXERCISE A **Pasatiempos** Sally is remembering the hobbies she and her friends had. Express what she says.

EXAMPLE: Rafael / jugar al fútbol   Rafael **jugaba** al fútbol.

1. Nina / vestir las muñecas   _____

2. yo / leer novelas románticas   _____

3. Eduardo y Felipe / coleccionar estampillas   _____

4. Muriel y yo / esquiar en las montañas   _____

5. Bobby / comprar revistas de deportes   _____

6. tú / jugar a los juegos electrónicos   _____

7. Vinny / hacer aviones de modelo   _____

8. a Uds. / gustar asistir a los bailes   _____

EXERCISE B   **Rutinas**   Tell what the people say they used to do regularly.

EXAMPLE: Grace / hacer la tarea por la tarde   Grace **hacía** la tarea por la tarde.

1. Greg / sacar al perro   _____

2. Elvira y yo / correr por la mañana   _____

3. tú / dormir la siesta   _____

4. Uds. / comer helado todos los días   _____

5. yo / seguir una dieta rígida   _____

6. ellas / asistir a conciertos cada mes   _____

7. Tony / mandar mensajes electrónicos   _____

8. mi hermano / lavar el carro cada semana   _____

EXERCISE C   **Mi trabajo**   Jorge is telling a friend why he left his job. Express what he says.

EXAMPLE: contestar el teléfono todo el día   Yo **contestaba** el teléfono todo el día.

1. yo / recibir las quejas de los clientes   _____

2. los otros empleados / no cooperar   _____

3. el jefe / no reconocer mi dedicación   _____

4. el dueño / exigir demasiado   _____

5. los clientes / querer todo en seguida   _____

6. mi ayudante / faltar mucho al trabajo   _____

2.   Verbs Irregular in the Imperfect Tense

There are three verbs irregular in the imperfect tense: *ir, ser,* and *ver.*

	ir *to go*	ser *to be*	ver *to see*
yo	iba	era	veía
tú	ibas	eras	veías
Ud., él, ella	iba	era	veía
nosotros, -as	íbamos	éramos	veíamos
vosotros, -as	ibais	erais	veíais
Uds., ellos, ellas	iban	eran	veían

EXERCISE D   **Un día libre**   Tell where the following people used to go on their day off.

EXAMPLE: mi tío / el club deportivo   Mi tío **iba al** club deportivo.

1. Sarita y Elena / el cine _____

2. tú y yo / el centro comercial _____

3. Natalia / a casa de sus primos _____

4. yo / el parque _____

5. Mike / la cancha de tenis _____

6. tú / la piscina _____

EXERCISE E   **¿Cómo eran?** Lucy's grandmother is telling her what her relatives were like when they were younger. Express what she says.

EXAMPLE: tu papá / muy deportista   Tu papá **era** muy deportista.

1. tu hermana mayor / consentido _____

2. Felipe / gracioso _____

3. Esteban y Janet / cómicos _____

4. yo / bonito _____

5. tú / tímido _____

6. tu abuelo y yo / paciente _____

EXERCISE F   **Recordemos** (Let's remember)   Little Evan has many questions about what his family used to see when they went to different places. Express his questions.

EXAMPLE: nosotros / ver algunos cisnes en el lago / ir al parque
   ¿Veíamos algunos cisnes en el lago cuando **íbamos** al parque?

1. Paco / ver a muchos payasos / ir al circo

_____

2. tú / ver a muchos parientes / ir a las reuniones de familia

_____

3. yo / ver películas de cienciaficción / ir al cine

_____

4. Ned y yo / ver muchas serpientes / ir al parque zoológico

_____

5. Uds. / ver muchas flores exóticas / ir al parque botánico

_____

6. toda la familia / ver tiburones en el mar / ir a la playa

_____

3. The Preterit vs. the Imperfect

a. Uses of the Preterit Tense

The preterit tense is used to indicate the beginning or the end of an action or event occurring in the past. It may also indicate the complete event (both beginning and end).

Ellos *empezaron* a estudiar.	*They began to study.*
Mi abuelo *dejó* de viajar.	*My grandfather stopped traveling.*
Hablamos la semana pasada.	*We spoke last week.*

b. Uses of the Imperfect Tense

The imperfect tense is used to indicate an on-going situation or event in the past. Neither the beginning nor the end is indicated. Therefore, it is used:

1. To express what was happening, used to happen, or happened repeatedly in the past.

Veía a mis amigos todos los días.	*I used to see my friends every day.*
¿Qué *leías* mientras *escuchabas* la música?	*What were you reading while you listened to the music?*
Yo *vivía* en Buenos Aires.	*I used to live in Buenos Aires. / I was living in Buenos Aires.*

2. To describe persons, things, or situations in the past.

Mi papá *tenía* mucho pelo.	*My father had a lot of hair.*
El tango *era* muy popular.	*The tango was very popular.*

3. To express the time in the past.

Eran las diez.	*It was ten o'clock.*

4. In the construction *hacía* + time expression + imperfect, to describe an action or event that began in the past and continued in the past. In questions, "how long?" is expressed by *¿cuánto tiempo hacía que ...?* + imperfect.

Hacía una hora que nevaba.	*It had been snowing for one hour.*
¿Cuánto tiempo hacía que esperabas?	*How long had you been waiting?*

5. With the preterit, to describe what was going on in the past (imperfect) while or when another event or action occurred, that began or ended (preterit).

Yo *comía* cuando ellos llegaron.	*I was eating when they arrived.*

EXERCISE G **Así era.** After interviewing his parents, Joey wrote the following paragraph about when his sister was growing up. Complete the paragraph with the appropriate form of the verbs indicated in the imperfect tense.

Durante la época del rock, cada joven _____ su propio artista o grupo favorito. Todos los
          1. (tener)

jóvenes _____ carteles de los artistas en su dormitorio y _____ todos sus discos y
         2. (colgar)   3. (comprar)

los productos de las compañías que _____ la carrera profesional sus ídolos. Muchos
       4. (apoyar)

artistas _____ en los anuncios comerciales que _____ en la televisión. También
        5. (salir)   6. (pasar)

_____ de memoria la letra de las canciones y mientras _____ los discos,
7. (saber)   8. (oír)

_____ con ellos. Otros jóvenes _____ a tocar la guitarra o los tambores y
9. (cantar)   10. (aprender)

_____ sus propios grupos y _____ conciertos en la escuela o en el parque.
11. (formar)   12. (dar)

Todos _____ ser como sus ídolos y los _____ en todo. _____ a sus artistas
      13. (querer)   14. (imitar)   15. (conocer)

favoritos por medio de las entrevistas que _____ en revistas que se _____ a este
                                           16. (leer)   17. (dedicar)

mercado juvenil. Los padres no _____ que exigir la práctica de los instrumentos musi-
                               18. (tener)

cales porque esa música _____ a los jóvenes. Mi hermana _____ muy tímida
                        19. (fascinar)   20. (ser)

pero _____ a un grupo, aunque ella no _____ ningún instrumento. Su voz
    21. (pertenecer)   22. (tocar)

_____ su instrumento musical y ella _____ con el grupo. Cuando ella _____
23. (ser)   24. (cantar)   25. (asistir)

al concierto de su grupo favorito, ella _____ todo su dinero comprando todos los
                                        26. (gastar)

recuerdos que (ellos) _____ allí y los _____ como un tesoro. Mi hermana _____
                     27. (vender)   28. (guardar)   29. (decir)

que esos años _____ los más felices de su adolescencia.
              30. (ser)

EXERCISE H   **Dos acciones al mismo tiempo**   Tell what the following people were doing
simultaneously.

EXAMPLE: Ralph / almorzar / leer una revista de deportes
Mientras Ralph **almorzaba, leía** una revista de deportes.

1. mi mamá / cocinar / hablar por teléfono

_____

2. mi papá / comer el desayuno / oír las noticias

_____

3. yo / montar en bicicleta / escuchar un disco compacto

_____

4. Elsa y yo / dar un paseo / charlar

_____

5. tú / estar en una tienda / buscar un regalo para un amigo

_____

6. el policía / dirigir el tránsito / llevaba guantes blancos

_____

| **EXERCISE I** | **Una interrupción**   Tell what happened while the following people were doing something. |

EXAMPLE: los amigos / dar un paseo / empezar a llover
Mientras los amigos **daban** un paseo, **empezó** a llover.

1. Grisel / salir de un taxi en el aeropuerto / el avión / salir

_____

2. yo / vistar a un amigo / otros amigos / llegar

_____

3. Sam y Luke / jugar al golf / ellos / ver un relámpago

_____

4. tú / buscar las llaves / tu padre / abrir la puerta

_____

5. la pareja / bailar / el mesero / quitar la mesa

_____

6. Lina y yo / bañar al perro / el perro / brincar de la tina

_____

| **EXERCISE J** | **¿Cuánto tiempo hacía?**   Using the cues provided, answer the questions that Marlene was asked when she returned home from a study abroad program. |

1. ¿Cuánto tiempo hacía que no hablabas inglés?   (*3 meses*)

_____

2. ¿Cuánto tiempo hacía que no comías «comida rápida»?   (*6 meses*)

_____

3. ¿Cuánto tiempo hacía que no te comunicabas con tu mejor amiga?   (*1 semana*)

_____

4. ¿Cuánto tiempo hacía que no veías tus programas favoritos?   (*mucho tiempo*)

_____

5. ¿Cuánto tiempo hacía que no volvías a México?   (*2 años*)

_____

| **EXERCISE K** | **Buenas noticias**   June is telling a friend about what happened in her home last evening. Complete her story with the appropriate preterit or imperfect form of the verbs indicated. |

Nosotras _____ una llamada telefónica de larga distancia de mi tío que _____
        1. (esperar)   2. (vivir)

en otro estado. Yo ————— en el jardín cuando el teléfono ————— . Yo
　　　　　　　　3. (estar)　　　　　　　　　　　　　　　　　　4. (sonar)

no ————— contestarlo, como ————— mi costumbre, porque no ————— un
　　5. (poder)　　　　　　　　　6. (ser)　　　　　　　　　　7. (haber)

teléfono en el jardín. Esta vez mi mamá lo ————— y luego yo ————— que mi
　　　　　　　　　　　　　　　　8. (contestar)　　　　　　9. (oír)

mamá —————. No ————— gritos de pánico sino de alegría. Mi tío
　　　10. (gritar)　　　11. (ser)

————— candidato a alcalde en las elecciones de su pueblo. Él ————— para
　12. (ser)　　　　　　　　　　　　　　　　　　　　　　　　13. (llamar)

decirnos que él ————— las elecciones. Mi mamá y yo ————— contentísimas al
　　　　　　14. (ganar)　　　　　　　　　　　　15. (estar)

saber la noticia. Mi mamá ————— seguir hablando con mi tío pero él —————
　　　　　　　　　　　16. (querer)　　　　　　　　　　　　　　　17. (tener)

prisa. Ella ————— anunciar la noticia a todo el mundo, pero por la emoción del
　　　18. (decidir)

momento ella no ————— recordar el número de teléfono de otros parientes.
　　　　　　　19. (poder)

Yo ————— que marcar los números.
　20. (tener)

EXERCISE L   **Mi compañero de viaje** You are describing a trip you took with a friend.
Complete the description with the appropriate form of the verbs in
parentheses in the preterit or imperfect tenses.

————— las nueve de la noche cuando nosotros ————— al hotel. Nosotros
　1. (ser)　　　　　　　　　　　　　　　　　　　　2. (llegar)

————— muy cansados y ————— mucha hambre. El empleado del hotel
　3. (estar)　　　　　　　　　4. (tener)

nos ————— la llave y nosotros ————— al cuarto. Mi compañero de viaje
　　5. (dar)　　　　　　　　　　6. (subir)

————— deshacer la maleta antes de salir a buscar un restaurante. No —————
　7. (pensar)　　　　　　　　　　　　　　　　　　　　　　　　　　　8. (haber)

servicio de cuarto en el hotel. Yo ————— ir a un restaurante y llevar la comida al cuarto.
　　　　　　　　　　　　　　　9. (decidir)

Mi compañero me ————— su orden y yo —————. Cuando yo ————— al
　　　　　　　　10. (dar)　　　　　　　11. (salir)　　　　　　12. (regresar)

cuarto en menos de media hora, todas las luces ————— apagadas y mi compañero
　　　　　　　　　　　　　　　　　　　　　　　13. (estar)

————— profundamente dormido sentado delante de la televisión. La luz del televisor
　14. (estar)

————— la única luz que ————— en el cuarto. No lo desperté pero yo —————
　15. (ser)　　　　　　　　16. (haber)　　　　　　　　　　　　　　　17. (sentarse)

y ————— a comer.
　18. (comenzar)

| EXERCISE M | **Una experiencia cómica**   Write ten sentences in Spanish in which you describe a funny experience you had. Use the preterit and imperfect tenses in your description. |

_____

_____

_____

_____

_____

_____

_____

_____

_____

_____

CHAPTER 10
Reflexive Verbs

1. Reflexive Constructions in Simple Tenses

a. In Spanish reflexive verbs always have a reflexive pronoun (*me, te, se, nos, os, se*) that refers the action of the verb back to the subject or doer of the action.

Yo *me* visto.   *I get dressed. (I dress myself.)*
Ellos *se* visten.   *They get dressed. (They dress themselves.)*

b. Reflexive pronouns generally precede the verb in the simple tenses.

PRESENT TENSE	
yo *me* lavo	nosotros *nos* lavamos
tú *te* lavas	vosotros *os* laváis
Ud. /él / ella *se* lava	Uds. / ellos / ellas *se* lavan

PRETERIT TENSE	
yo *me* lavé	nosotros *nos* lavamos
tú *te* lavaste	vosotros *os* lavasteis
Ud. / él / ella *se* lavó	Uds. / ellos / ellas *se* lavaron

IMPERFECT TENSE	
yo *me* lavaba	nosotros *nos* lavábamos
tú *te* lavabas	vosotros *os* lavabais
Ud. / él / ella *se* lavaba	Uds. / ellos / ellas *se* lavaban

FUTURE TENSE	
yo *me* lavaré	nosotros *nos* lavaremos
tú *te* lavarás	vosotros *os* lavaréis
Ud. / él / ella *se* lavará	Uds. / ellos / ellas *se* lavarán

CONDITIONAL TENSE	
yo *me* lavaría	nosotros *nos* lavaríamos
tú *te* lavarías	vosotros *os* lavaríais
Ud. / él / ella *se* lavaría	Uds. / ellos / ellas *se* lavarían

PRESENT SUBJUNCTIVE	
yo *me* lave	nosotros *nos* lavemos
tú *te* laves	vosotros *os* lavéis
Ud. / él / ella *se* lave	Uds. / ellos / ellas *se* laven

> **NOTE:** When the statement is negative, *no* comes before the reflexive pronoun.
>
> **Yo *no* me lavé.**   *I didn't wash (myself).*

c. When a reflexive verb is used as an infinitive, the reflexive pronoun is attached to the end of the infinitive or placed before the conjugated verb.

Tú quieres levantar*te* ahora.
Tú *te* quieres levantar ahora. } *You want to get up now.*

d. When a reflexive verb is used in a progressive tense, the reflexive pronoun is attached to the end of the present participle (gerund) or placed before the conjugated verb. When it is attached to the gerund, an accent mark is required.

Ella está levant*ándose* ahora.
Ella *se* está levantando ahora. } *She is getting up now.*

COMMON REFLEXIVE VERBS

acostarse (ue) *to go to bed*	**equivocarse** *to be mistaken*
afeitarse *to shave*	**irse** *to leave, go away*
asustarse *to be frightened*	**levantarse** *to get up*
bañarse *to take a bath, bathe*	**llamarse** *to be named, be called*
callarse *to be silent, quiet*	**maquillarse** *to put on makeup*
cepillarse *to brush (one's hair, teeth, clothes)*	**marcharse** *to leave, go away*
desayunarse *to have breakfast*	**pasearse** *to take a walk*
despedirse (i) *to say goodbye, take leave of*	**peinarse** *to comb (one's hair)*
despertarse (ie) *to wake up*	**preocuparse** *to be worried*
divertirse (ie) *to enjoy oneself, have fun*	**ponerse** *to put on (clothing), become*
dormirse (ue) *to fall asleep*	**quejarse** *to complain*
ducharse *to take a shower*	**secarse** *to dry oneself*
enfadarse *to get angry*	**sentarse (ie)** *to sit down*
enojarse *to get angry*	**vestirse (i)** *to get dressed*

EXERCISE A   **Rutinas diarias**   Tell what daily routine each person is performing.

EXAMPLE: Celeste **se lava el pelo.**

1. Alfredo _____

_____ .

4. Tú _____

_____ .

2. La señora Villareal _____

_____ .

5. Victoria y yo _____

_____ .

3. Los niños _____

_____ .

6. Yo _____

_____ .

EXERCISE B   **Reacciones**   Tell how the following people reacted in different situations.

EXAMPLE: El bebé se cayó de la silla.   *(la mamá / asustarse)*
La mamá **se asustó**.

1. El equipo perdió el partido.   *(los fanáticos / enojarse)*

   _____

2. Mis amigos regresaron a su casa.   *(yo / ponerse triste)*

   _____

3. Tuvimos que esperar mucho tiempo en el restaurante.   *(nosotros / enfadarse)*

   _____

4. El pasajero llegó a Acapulco pero su destino era Cancún.   *(el pasajero / equivocarse)*

   _____

5. No había nadie en la fiesta a las once de la noche.   *(los invitados / marcharse)*

   _____

6. Tú no dormiste bien anoche.   *(tú / dormirse en la clase)*

   _____

7. No me gustó el servicio en la tienda.   *(yo / quejarse con el gerente)*

   _____

8. La película empezó.   *(el público / callarse)*

   _____

EXERCISE C   **Una mañana ocupada**   The Santiago family is leaving on a trip. Tell what everyone is going to do, wants to do or should do, on this busy morning. Use *ir a, querer,* or *deber* in your responses.

Silvia	maquillarse en el carro
papá	ducharse rápidamente
mamá	vestirse en cinco minutos
los niños	levantarse pronto
tú	afeitarse mientras ducharse
yo	(no) secarse el pelo ahora
tú y yo	cepillarse los dientes después de desayunarse
	despedirse de los vecinos

EXAMPLE: Tú **vas a despedirte** de los vecinos.

1. _____

2. _____

3. _____

4. _____

5. _____

6. _____

| EXERCISE D | ¿Dónde están todos?   Explain why no one is able to help Mrs. Esteves when she asks for help. |

EXAMPLE: Gladys / peinarse   Gladys **se está peinando.** OR Gladys **está peinándose.**

1. los niños / bañarse   _____

2. el señor Esteves / afeitarse   _____

3. yo / vestirse   _____

4. Selene y yo / pasearse   _____

5. mi hermano / acostarse   _____

6. tú / secarse el pelo   _____

2.   Reflexive Verbs in Compound Constructions

a. In compound tenses such as the present perfect and pluperfect, the reflexive pronoun precedes the conjugated form of the helping (auxiliary) verb *haber*.

PRESENT PERFECT	
yo *me* he lavado	nosotros, -as *nos* hemos lavado
tú *te* has lavado	vosotros, -as *os* habéis lavado
Ud. / él / ella *se* ha lavado	Uds. / ellos / ellas *se* han lavado

PLUPERFECT	
yo *me* había lavado	nosotros, -as *nos* habíamos lavado
tú *te* habías lavado	vosotros, -as *os* habíais lavado
Ud. / él / ella *se* había lavado	Uds. / ellos / ellas *se* habían lavado

b. If the statement is negative, no is placed before the reflexive pronoun.

Yo *no* me había lavado.   *I had not washed myself.*

| EXERCISE E | **Reporte general**   When the shift changes in the hospital, the exiting nurse gives a report to her replacement. Express what she tells her. |

EXAMPLE: el señor Valencia / no afeitarse todavía
El señor Valencia **no se ha afeitado** todavía.

1. los señores López y Herrera / sentarse en un sillón hoy

_____

2. la señora Madrigal / no dormirse en todo el día

_____

3. otro paciente / irse por la mañana

_____

4. tú / no callarse

_____

5. Virginia y yo / quedarse más tiempo hoy

_____

6. yo / quejarse con los supervisores

_____

7. los doctores / enfadarse mucho hoy

_____

| EXERCISE F | **Una sorpresa** Mrs. Chavez announced some special treats if her family did some things without her having to remind them. Tell what they had already done. |

EXAMPLE: mi hermana / peinarse   Mi hermana **ya se había peinado.**

1. Nelson / ducharse   _____

2. Linda y yo / ponerse los zapatos   _____

3. yo / desayunarse   _____

4. tú / quejarse   _____

5. todos / cepillarse los dientes   _____

3. Commands with Reflexive Verbs

a. In affirmative commands, reflexive pronouns follow the verb and are attached to it. Affirmative commands with more than two syllables require a written accent over the stressed vowel.

b. In negative commands, reflexive pronouns come before the verb.

	AFFIRMATIVE COMMANDS	NEGATIVE COMMANDS
tú	¡Levántate!	¡No *te* levantes!
Ud.	¡Levántese!	¡No *se* levante!
Uds.	¡Levántense!	¡No *se* levanten!
nosotros	¡Levantémonos!	¡No *nos* levantemos!

NOTE: In affirmative *nosotros* commands, the final *-s* of the verb ending is dropped when the reflexive pronoun *nos* or the indirect object pronoun *se* is added. A written accent mark is generally required on the vowel that is stressed.

Paseémo*nos*.   *Let's take a walk.*

Vámo*nos*.   *Let's go.*

Mandé*mosela*.   *Let's send it to her.*

EXERCISE G   **¡Hazme caso, por favor!**   Helen's younger brother always gives her a hard time when she babysits him. Express what Helen tells him to do or not to do.

EXAMPLE: despedirse de mamá   **¡Despídete** de mamá!

1. ponerse los zapatos   _____

2. no quitarse el suéter   _____

3. cepillarte los dientes   _____

4. lavarse las manos y la cara   _____

5. secarse bien   _____

6. no sentarse en la mesa   _____

7. divertirse con tus amigos   _____

8. no enojarse   _____

9. no quedarse en la calle ahora   _____

10. no asustarse   _____

EXERCISE H   **Las reglas**   When Mr. Corona visits a camp, the counselor gives him instructions. Express what he tells him.

EXAMPLE: acostarse temprano esta noche   **¡Acuéstese** temprano esta noche!

1. despertarse temprano   _____

2. ducharse rápidamente   _____

3. ponerse el traje de baño   _____

4. desayunarse con todo el mundo _____

5. pasearse por el campamento _____

6. quedarse hasta las siete _____

7. no acostarse antes de la cena _____

8. no enfadarse _____

9. no preocuparse _____

10. divertirse mucho _____

| **EXERCISE I** | **Consejos** The night before a group of tourists goes to Macchu Picchu, the guide gives them advice. Express what he says. |

EXAMPLE: no acostarse tarde   ¡**No se acuesten** tarde!

1. levantarse en buena hora _____

2. no bañarse con agua fría _____

3. ponerse varios suéteres _____

4. no desayunarse mucho _____

5. no pasearse solos _____

6. quedarse juntos _____

7. no ponerse nerviosos _____

8. no asustarse en las ruinas _____

9 dormirse en el camino _____

10. divertirse muchísimo _____

4. The Impersonal (Passive) Use of *SE*

In Spanish, if the doer of an action is not mentioned or implied, and the subject is a noun or an infinitive, the reflexive construction *se* + verb in the third-person singular or plural is used to express the passive voice. In such constructions, the subject usually follows the verb.

Aquí *se habla* inglés.	*English is spoken here.*
Aquí *se venden* galletas.	*Cookies are sold here.*
¿A qué hora *se abre* la farmacia.	*At what time does the pharmacy open?*
No *se permite* tocar las flores.	*Touching the flowers is not permitted.*

EXERCISE J   **Los lugares**   Use the words in parentheses to tell what happens in these places.

EXAMPLE: la panadería (*comprar / pan*)   **Se compra pan** en la panadería.

1. la carnicería   (*vender / carne*)   _____

2. el banco   (*prestar / dinero*)   _____

3. la sastrería   (*reparar / ropa*)   _____

4. el hospital   (*curar / los enfermos*)   _____

5. el café   (*servir / bebidas*)   _____

6. la escuela   (*aprender*)   _____

7. la frutería   (*comprar / uvas y peras*)   _____

8. la pastelería   (*hacer / pasteles*)   _____

9. el taller del mecánico   (*reparar / los carros*)   _____

10. el museo   (*exhibir / obras de arte*)   _____

EXERCISE K   **Nuevos vecinos**   Answer the questions some new neighbors ask you.

1. ¿A qué hora se abre la oficina de correos?   (*7:30*)

_____

2. ¿Cuándo se recoge la basura?   (*los lunes y los jueves*)

_____

3. ¿Dónde se venden buenos tacos?   (*la Taquería Rosa*)

_____

4. ¿Dónde se consiguen taxis?   (*cerca de la estación del tren*)

_____

5. ¿Cuándo se permite estacionar los carros en la calle?   (*por la noche*)

_____

6. ¿Cuándo se estrenan las nuevas películas en el cine?   (*cada 15 días*)

_____

7. ¿Dónde se venden flores frescas?   (*el mercado de flores*)

_____

8. ¿Cuánto se cobra para entrar en el parque de diversiones?   (*5 dólares*)

_____

9. ¿Con qué frecuencia se oyen los aviones? (*cada 10 minutos*)

_____

10. ¿Se vive bien aquí? (*sí*)

_____

| EXERCISE L | **En el campamento** Write ten sentences in Spanish in which you describe your stay this past summer at camp. Use as many reflexive verbs as you can, as well as the passive use of *se*. |

_____

_____

_____

_____

_____

_____

_____

_____

_____

_____

CHAPTER 11
Demonstrative Adjectives; Possessive Adjectives; Adjectives as Pronouns

1. Demonstrative Adjectives

a. Demonstrative adjectives precede the nouns they modify and agree with them in gender (masculine or feminine) and number (singular or plural).

MASCULINE	FEMININE	MEANING
este estos	esta estas	*this* *these*
ese esos	esa esas	*that* *those*
aquel aquellos	aquella aquellas	*that* *those*

este **libro**	*this book*
esas **bicicletas**	*those bicycles*
aquella **casa**	*that house*

b. *Este* (this), *estos* (these) refer to what is near or directly concerns the speaker. *Ese* (that), *esos* (those) refer to what is relatively further from or directly concerns the person addressed. *Aquel* (that), *aquellos* (those) refer to what is remote from both the speaker and the person addressed, or does not directly concern either.

c. The adverbs *aquí* (here), *ahí* (there), and *allí* ([over] there) correspond to the demonstrative adjectives *este, ese,* and *aquel,* respectively.

Quiero ver *este* anillo (*aquí*).	*I want to see this ring.*
Quiero ver *ese* anillo (*ahí*).	*I want to see that ring.*
Quiero ver *aquel* anillo (*allí*).	*I want to see that ring (over there).*

EXERCISE A ¡Qué flores más bonitas! As Laura and a friend wander through the botanical garden they comment on the flowers they see. Express what they say.

PARA EXPRESARSE MEJOR

la amapola	*poppy*	el clavel	*carnation*
la azucena	*lily*	el tulipán	*tulip*

EXAMPLE: rosas / fragante   Estas rosas son **fragantes.**

1. claveles / bonito _____

2. orquídea / exótico _____

3. tulipán / holandés _____

4. dalias / lindo _____

5. cactos / alto _____

6. azucenas / delicado _____

7. amapola / divino _____

EXERCISE B   **Me gusta.**   Ruth and a friend are window shopping in a house furnishing store. Express what they say about the furnishings they see.

EXAMPLE: cortinas   Me gustan **esas** cortinas.

1. lámpara _____

2. sillón _____

3. pinturas _____

4. tapetes de mesa _____

5. espejo _____

6. alfombra _____

EXERCISE C   **Una vista sin límites**   Peter and a friend are on the observation deck of the tallest building in the city. Express what they say as they look at the view.

EXAMPLE: torre / antiguo   **Aquella** torre es **antigua.**

1. monumentos / interesante _____

2. rascacielos / moderno _____

3. río / estrecho _____

4. lanchas / pequeño _____

5. iglesia / clásico _____

6. avenidas / ancho _____

EXERCISE D   **¿Son frescos?**   Mrs. Montoya likes to buy fresh fruits and vegetables and always asks the same questions when she goes to the green grocer. Express what she asks. Use the adverbs given as cues for the appropriate demonstrative adjective.

PARA EXPRESARSE MEJOR

la calabaza	*squash*	**el rábano**	*radish*
el durazno	*peach*	**la uva**	*grape*
la lechuga	*lettuce*	**la zanahoria**	*carrot*

EXAMPLE: melón / aquí   ¿Es fresco **este** melón?

1. duraznos / ahí   _____

2. uvas / allí   _____

3. plátanos / aquí   _____

4. calabaza / ahí   _____

5. peras / aquí   _____

6. manzanas / allí   _____

7. lechuga / aquí   _____

8. tomates / ahí   _____

9. zanahorias / aquí   _____

10. rábanos / allí   _____

EXERCISE E   **El parque** Ronnie and a friend are strolling through the park and commenting on what they see. Using the cues provided as a guide, complete their statements with the appropriate demonstrative adjective.

EXAMPLE: En __esta__ ciudad hay muchos parques. (*aquí*)

1. _____ parque es muy bonito. (*aquí*)

2. _____ banco es nuevo. (*allí*)

3. _____ flores tienen mucha fragancia. (*ahí*)

4. Podemos comprar refrescos en _____ quiosco. (*allí*)

5. Mira, _____ señor vende globos. (*ahí*)

6. _____ niña va a lastimarse. (*allí*)

7. _____ barcos en el lago se ven divertidos. (*ahí*)

8. _____ camino es muy agradable y tranquilo. (*aquí*)

9. _____ sillas son para los conciertos. (*aquí*)

10. _____ árboles dan mucha sombra. (*aquí*)

2. Possessive Adjectives

a. The possessive adjectives in Spanish are:

SINGULAR	PLURAL	MEANING
mi	mis	*my*
tu	tus	*your (familiar)*
su	sus	*your / his / her / their*
nuestro, -a	nuestros, -as	*our*
vuestro, -a	vuestros, -as	*your (familiar)*

b. *Mi, tu,* and *su* have two forms, a singular and a plural. *Nuestro* and *vuestro* have four forms. Possessive adjectives agree in gender (masculine or feminine) and number (singular or plural) with the person or thing possessed, not with the possessor.

mi **amigo** *my friend*	*nuestros* **amigos** *our friends*
mis **amigos** *my friends*	*nuestra* **amiga** *our friend*
nuestro **amigo** *our friend*	*nuestras* **amigas** *our friends*

c. For clarity, *su* and *sus* may be replaced by the article plus *de Ud., de Uds., de él, de ellos, de ella,* or *de ellas.*

Yo saludé a *su* **abuelo.**	*I greeted his (her, your, their) grandfather.*
Yo saludé al abuelo *de él.*	*I greeted his grandfather.*

d. The definite article is used instead of the possessive adjective with the parts of the body or clothing, when the possessor is clear.

El niño se lavó *las* **manos.**	*The boy washed his hands.*
Yo cerré *los* **ojos.**	*I closed my eyes.*

But

José se puso *mi* **cinturón.**	*Joseph put on my belt.*

EXERCISE F   **¿De quién es?** When other children come over to play, Alan becomes very possessive about the things they find in the playroom. Express what he says using the appropriate possessive adjective.

EXAMPLE: los videojuegos (de Alan)   Son **mis** videojuegos.

1. la bicicleta (*de Jeff*) _____

2. los patines (*de nosotros*) _____

3. el libro de colorear (*de Patsy*) _____

4. el rompecabezas (*de ti*) _____

5. las muñecas (*de mis hermanas*) _____

6. la calculadora (*de nosotros*) _____

7. la pelota   (*de Alan*)   _____

8. los carteles   (*de Pedro y Jeff*)   _____

9. el osito de peluche   (*de nosotros*)   _____

10. los trenes   (*de Víctor*)   _____

EXERCISE G   **Después de la fiesta**   Everyone seems to have left something behind after the party. Abby asks Julia about the things she finds. Express what Julia says.

EXAMPLE: ABBY: ¿Es el reloj de Estela?   JULIA: Sí, es **su** reloj.

1. ABBY: ¿Son los aretes de Alicia?
   JULIA: _____

2. ABBY: ¿Son las fotografías de Uds.?
   JULIA: _____

3. ABBY: ¿Es tu cartera?
   JULIA: _____

4. ABBY: ¿Es la cámara de Rogelio?
   JULIA: _____

5. ABBY: ¿Son mis llaves?
   JULIA: _____

6. ABBY: ¿Son los guantes de Jim?
   JULIA: _____

7. ABBY: ¿Es la bufanda de Iris?
   JULIA: _____

8. ABBY: ¿ Son tus bolígrafos?
   JULIA: _____

EXERCISE H   **Nadie está solo.**   Everyone has plans today with other people. Tell with whom they are doing these activities.

EXAMPLE: Carlos / jugar al fútbol / amigos   Carlos **juega** al fútbol con **sus** amigos.

1. yo / ir de compras / primas   _____

2. tú / ver una película / novio   _____

3. Larry y yo / almorzar / abuela   _____

4. mi papá / jugar al golf / socio   _____

5. Uds. / tener una cita / dentista   _____

6. Lidia y yo / hacer el ejercicio / entrenadora _____

7. Jack / salir / compañeros de escuela _____

EXERCISE I   **Así fue.** Nancy babysat a neighbor's children and she is giving a report. Express what she says.

EXAMPLE: Los niños se lavaron **las** manos antes de comer.

1. Gloria no quiso ponerse _____ suéter.

2. Nadie se quitó _____ zapatos.

3. El bebé ensució _____ ropa cuando comió.

4. Joey se cortó _____ dedo cuando rompió un vaso.

5. Gloria trató de vestir al gato con _____ ropa.

6. Me dolieron _____ piernas de correr con ellos.

3.   Adjectives as Pronouns

When used in context, adjectives in Spanish can be used as pronouns when the noun they describe is omitted.

¿Qué blusas quiere ver?	*Which blouses do you want to see?*
La blanca y *la roja*, **por favor.**	*The white one and the red one, please.*
Los carros nuevos requieren menos mantenimiento que *los antiguos.*	*New cars require less maintenance than the older ones.*

EXERCISE J   **Gemelos** (Twins) Gina and Fran are twins but they have very distinctive tastes. Tell who prefers the following.

EXAMPLE: un reloj de oro o un reloj de plata   Gina prefiere **el de** plata y Fran **el de** oro.

1. una falda larga o una falda corta   _____

2. una amiga seria o una amiga divertida   _____

3. el pastel de chocolate o el pastel de coco   _____

4. los cuentos románticos o los cuentos cómicos   _____

5. la comida española o la comida francesa   _____

6. las bebidas calientes o las bebidas frías   _____

7. el arte moderno o el arte clásico   _____

EXERCISE K   **Dime** (Tell me)   Answer these questions that a friend asks you.

1. ¿De quién es esta bicicleta?

_____

2. ¿De los colores rojo, anaranjado y violeta, cuál no te gusta?

_____

3. ¿Prefieres la vida de la ciudad o la vida del campo?

_____

4. ¿De quién es la casa en que tú y tu familia viven?

_____

5. ¿Tienen tú y tus hermanos sus propios cuartos?

_____

6. ¿Qué clase de programas de televisión prefieres? ¿Por qué?

_____

EXERCISE L   **La amistad** Write a paragraph of ten sentences in Spanish in which you describe your best friend and why you consider him/her to be your best friend. Include as many demonstrative and possessive adjectives as you can.

_____

_____

_____

_____

_____

_____

_____

_____

_____

_____

CHAPTER 12

SER and *ESTAR*; Contractions *AL* and *DEL*

Spanish has two different verbs, *ser* and *estar,* that are equivalent to the English verb to be. The use of each one depends on the context.

1. Uses of *SER*

a. To express a characteristic, a description, or an identification.

El hombre *es* **bondadoso.**	*The man is kind.*
La nieve *es* **blanca.**	*The snow is white.*
La clase *es* **divertida.**	*The class is fun.*
Los niños *son* **buenos.**	*The children are good.*
Es **la casa de mis padres.**	*It's my parent's house.*
¿Qué *es*? **Es un juguete.**	*What is it? It's a toy.*

b. To express a profession, occupation, or nationality.

Jane *es* **dentista.**	*Jane is a dentist.*
Mis padres *son* **profesores.**	*My parents are teachers.*
Helga *es* **alemana.**	*Helga is German.*
Rafael *es* **argentino.**	*Rafael is Argentine.*

c. To express dates and times.

Es **el primero de diciembre.**	*It's December 1.*
Es **el nueve de julio.**	*It's July 9.*
Son **las once.**	*It's eleven o'clock.*
Es **medianoche.**	*It's midnight.*

d. With *de,* to express origin, possession, or material.

Ellos *son de* **España.**	*They are from Spain.*
El café *es de* **Colombia.**	*The coffee is from Colombia.*
La mochila *es de* **Juan.**	*It's Juan's backpack.*
Estos aretes *son de* **mi mamá.**	*These earrings are my mother's.*
El reloj *es de* **oro.**	*The watch is made of gold.*
La blusa *es de* **seda.**	*The blouse is made of silk.*

NOTE: 1. Adjectives used with *ser* must agree with the subject in number and gender.

Las casas son muy *modernas.*	*The houses are very modern.*
El pan es *delicioso.*	*The bread is delicious.*

112

2. In questions, adjectives usually follow the verb.

   ¿Es maduro **el melón?**   *Is the melon ripe?*

3. The adjective *feliz* is generally used with *ser*.

   La mujer *es feliz.*   *The woman is happy.*

4. The forms of *ser* are summarized in the Appendix on page XXX.

EXERCISE A   **Así son.** (That's how they are.)   You attended a young cousin's birthday party and are describing the children who were present. Use the adjectives below to describe the young guests.

antipático	divertido	independiente	simpático
bonito	gracioso	inteligente	tímido
celoso	guapo	responsable	travieso

EXAMPLE: Laura es **bonita** e **inteligente.**

1. Jeremy y Evan   _____

2. Nancy   _____

3. Andrés y Amanda   _____

4. Felipe   _____

5. Silvia y Daniel   _____

6. Rebecca y Emma   _____

7. Antonio   _____

EXERCISE B   **Trabajamos**   Tell what the following people do to earn a living.

EXAMPLE: Miriam / modista   Miriam **es** modista.

1. Alejandro / arquitecto   _____

2. Estela / piloto   _____

3. Fred y Linda / músico   _____

4. Genaro / cantante   _____

5. Enrique y Jenny / vendedor   _____

6. Clara / periodista   _____

7. Annie y yo / enfermera   _____

8. tú (fem.) / banquero   _____

| EXERCISE C | **La clase de inglés** The students in Alicia's English class are from all over the world. Use the cues to tell where they are from and their nationality. |

EXAMPLE: Pierre / Francia / francés   Pierre **es de** Francia; **es** francés.

1. Seiichi / el Japón / japonés   _____

2. Inga y Helmut / Alemania / alemán   _____

3. Francisco y José Luis / España / español   _____

4. Alicia y yo / Costa Rica / costarricense   _____

5. Kim / Corea / coreano   _____

6. Dolores y Rocío / México / mexicano   _____

| EXERCISE D | **¿De qué son?** (What are they made of?)   Use the cues provided to tell what the following things are made of. |

EXAMPLE: la pulsera / plata   La pulsera **es de** plata.

1. la bufanda / seda   _____

2. las botas / cuero   _____

3. la cadena / oro   _____

4. el traje de baño / nilón   _____

5. la camisa / algodón   _____

6. los guantes / lana   _____

| EXERCISE E | **¿De quién(es) es?** Use the cues provided to tell to whom these things belong. |

EXAMPLE: el videojuego / Arturo   El videojuego **es de** Arturo.

1. esa mochila / Benjamín   _____

2. esos discos compactos / Luz y Linda   _____

3. esta cartera / María Luisa   _____

4. los tenis / Gabriel   _____

5. el osito de peluche / el bebé   _____

6. el teléfono celular / mi papá   _____

7. estas fotos / Irma   _____

EXERCISE F   **La rutina** Jerry likes to follow the same routine each day. For each activity, tell what time it is using the cue provided.

EXAMPLE: despertarse   *(6:30)*   **Son las seis y media.**

1. comer el desayuno   *(7:00)*   _____

2. estar en la clase de inglés   *(10:15)*   _____

3. almorzar   *(12:00)*   _____

4. reunirse con los amigos   *(3:45)*   _____

5. llegar a casa   *(6:00)*   _____

6. ver su programa favorito   *(9:30)*   _____

7. acostarse   *(11:00)*   _____

2.   Uses of *ESTAR*

a. To express location or position.

Madrid *está* en España.	*Madrid is in Spain.*
La maestra *está* en la escuela.	*The teacher is in school.*
Los libros *están* en la mochila.	*The books are in the backpack.*
¿Dónde *está* la biblioteca?	*Where is the library?*

b. To express a condition or state resulting from an action.

La sopa *está* muy caliente.	*The soup is very hot.*
La mesa *está* puesta.	*The table is set.*
Lola *está* triste.	*Lola is sad.*
Nosotros *estamos* muy bien.	*We are very well.*
Las ventanas *están* abiertas.	*The windows are open.*

c. To form the progressive tenses with the present participle (gerund).

Ellos *están* jugando al fútbol.	*They are playing soccer.*
Yo *estaba* leyendo.	*I was reading.*

NOTE: 1.   Adjectives used with *estar* agree with the subject in number and gender.

La señora *está* ocupada.	*The woman is busy.*
Los señores *están* ocupados.	*The men are busy.*

2.   In questions, the adjective usually follows the verb.

¿*Está* ocupada la señora?	*Is the woman busy?*
¿*Están* ocupados los señores?	*Are the men busy?*

3. Some adjectives may be used with either *ser* or *estar*, but their meanings change.

La fiesta *es* aburrida.	*The party is boring.*
Los invitados *están* aburridos.	*The guests are bored.*
El niño *es* listo.	*The boy is clever.*
El niño *está* listo.	*The boy is ready.*

4. The forms of *estar* are summarized in the Appendix on page 184.

EXERCISE G **No hay nadie.** Larry's mother wants to know where all his friends are during the summer vacation. Write his mother's questions and Larry's responses.

EXAMPLE: Milton / el campamento de tenis

¿**Dónde está** Milton?

Milton **está en** el campamento de tenis.

1. los hermanos Parra / Puerto Rico

_____

_____

2. Eugenia / la granja de sus tíos

_____

_____

3. Rogelio / la playa

_____

_____

4. Héctor y Ronald / las montañas

_____

_____

5. Frances / el lago

_____

_____

6. Víctor / un viaje con sus abuelos

_____

_____

EXERCISE H **La audición** The results of the auditions for the spring play have been posted. Tell how the actors feel.

Example: Felicia / desilusionado

Felicia **está desilusionada.**

1. Arturo y Sonia / triste _____

2. Isabel / nervioso _____

3. Jaime / sorprendido _____

4. Marta y Félix / asombrado _____

5. Inés y Victoria / contento _____

6. Manuela / preocupado _____

7. el director / cansado _____

EXERCISE 1 **Todos estaban ocupados.** Jenny is telling her mother what everyone in her class was doing when she arrived late to school.

Example: La maestra **estaba hablando a la clase**.

1. Nilda _____

_____ .

3. Antonio _____

_____ .

2. Nelson y Federico _____

_____ .

4. Estela y Vicky _____

_____ .

5. Juanita _____

_____ .

6. Thomas _____

_____ .

EXERCISE J | **Un mensaje electrónico** Complete the e-mail message that Sam wrote to a friend with the appropriate form of *estar* or *ser*.

Querido Nick:

Yo _____ muy contento. Hoy _____ un buen día para mí. Mis padres me compraron mi
  1.   2.

propia computadora. Fuimos a una tienda que _____ en el centro comercial. No _____
                                              3.   4.

lejos de la casa. _____ una computadora de último modelo y _____ muy compacto
                   5.   6.

también. Tú sabes que mi cuarto _____ pequeño y no hay mucho espacio. Todos mis
                                 7.

programas favoritos ya _____ en la computadora. Mis hermanos _____ celosos porque
                       8.   9.

ellos tienen que compartir la otra computadora que _____ de mi papá. ¡Qué feliz _____
                                                    10.   11.

(yo)! Hasta luego.

Tu amigo,

Sam

3. Contractions *AL* and *DEL*

a. The preposition *a* combines with the definite article *el* to form the contraction *al*. *A* never forms a contraction with the other definite articles (*la, los, las*).

Fuimos *al* museo.	*We went to the museum.*
Vi *al* médico.	*I saw the doctor.*
Van *a las* tiendas.	*They are going to the stores.*

b. The preposition *de* combines with the definite article *el* to form the contraction *del*. *De* never forms a contraction with the other definite articles (*la, los, las*).

Había mucha gente en las tiendas *del* centro comercial.	*There were many people in the mall's stores.*
El carro *del* vecino es elegante.	*The neighbor's car is elegant.*
¿Llegaste tarde *de la* escuela?	*Did you arrive late from school?*

EXERCISE K ¿Vale la pena? (Is it worth it?) Complete the entry that Luis made in his journal when he and his family were traveling. Complete the statements with *a* + the definite article or *de* + the definite article.

Cuando llegamos —— 1. —— aeropuerto, todos los agentes estaban ocupados. Mientras un agente atendía —— 2. —— cliente, los otros pasajeros —— 3. —— vuelo tuvieron que esperar. Mi padre estaba muy impaciente y buscó —— 4. —— jefe —— 5. —— agentes. Le habló —— 6. —— señor y en unos momentos tres agentes más salieron —— 7. —— oficina para atender —— 8. —— clientes. No importó ni la impaciencia de mi papá ni la atención —— 9. —— otros agentes porque cambiaron la hora —— 10. —— salida —— 11. —— vuelo a causa —— 12. —— mal tiempo. Luego fuimos —— 13. —— restaurante —— 14. —— aeropuerto para tomar algo y esperar la nueva hora —— 15. —— salida.

EXERCISE L Así soy. Write ten sentences in Spanish in which you introduce yourself to your home stay family. Include your physical and psychological descriptions.

_____

_____

_____

_____

_____

_____

_____

_____

_____

CHAPTER 13
The Past Participle; Compound Tenses

1. The Past Participle

a. Regular Past Participles

Regular verbs form the past particle by dropping the infinitive ending and adding *-ado* or *-ido*.

INFINITIVE	PAST PARTICIPLE	MEANING
trabajar	trabaj*ado*	*worked*
comprender	comprend*ido*	*understood*
decidir	decid*ido*	*decided*

NOTE: *-ER* and *-IR* verbs whose stems end in a vowel have past participles ending in *-ÍDO*. The accent mark on the *i* keeps the original stress of the infinitive.

INFINITIVE	PAST PARTICIPLE	MEANING
caer	caído	*fallen*
creer	creído	*believed*
leer	leído	*read*
oír	oído	*heard*
reír	reído	*laughed*
traer	traído	*brought*

b. Irregular Past Participles

The following verbs have irregular past participles ending in *-to*.

INFINITIVE	PAST PARTICIPLE	MEANING
abrir	abierto	*opened*
cubrir	cubierto	*covered*
descubrir	descubierto	*discovered*
escribir	escrito	*written*
morir	muerto	*died*
poner	puesto	*put*
romper	roto	*broken*
ver	visto	*seen*
volver	vuelto	*returned*

The following verbs have irregular past participles ending in *-cho*.

INFINITIVE	PAST PARTICIPLE	MEANING
decir	dicho	*said*
hacer	hecho	*done, made*

EXERCISE A   **Un viaje fabuloso**   Complete the letter Anita has written to a friend, in which she describes her trip to Madrid. Provide the past participle of the verbs in parentheses.

Querida Rosa:

Nosotros hemos ―――――――― aquí después de un vuelo bonito. Ya hemos ――――――――
　　　　　　　　1. (llegar)　　　　　　　　　　　　　　　　　　　　　　　　　　2. (recorrer)

los museos y otros sitios de interés en la ciudad. Hemos ―――――――― muchos lugares
　　　　　　　　　　　　　　　　　　　　　　　　　　　　3. (conocer)

interesantes. Mi padre ha ―――――――― en un viaje de negocios a Sevilla y mi mamá y yo
　　　　　　　　　　　　4. (salir)

hemos ―――――――― dedicarnos a las compras. Lo que más me ha ―――――――― fue cuando
　　　　5. (poder)　　　　　　　　　　　　　　　　　　　　　　6. (gustar)

fuimos a un tablao flamenco. Nos hemos ―――――――― muchísimo. He ―――――――― varios
　　　　　　　　　　　　　　　　　　　　　7. (divertir)　　　　　　　8. (comprar)

discos compactos de música flamenca y los he ―――――――― en mi tocadiscos portátil.
　　　　　　　　　　　　　　　　　　　　　　　9. (oír)

Todavía no he ―――――――― a los primos de Elena porque ellos han ―――――――― muchos
　　　　　　10. (ver)　　　　　　　　　　　　　　　　　　　　　11. (tener)

exámenes en la escuela. Nos hemos ―――――――― de acuerdo en vernos este fin de semana.
　　　　　　　　　　　　　　　　　12. (poner)

Ellos han ―――――――― muchos planes. Me he ―――――――― escribiéndote estas líneas. Hasta
　　　　13. (hacer)　　　　　　　　　　　14. (cansar)

pronto.

Anita

2.   The Present-Perfect Tense

a. The present-perfect tense is formed by the present tense of *haber* (to have) and a past participle.

yo	he	
tú	has	
él, ella, Ud.	ha	
nosotros, -as	hemos	trabajado / comprendido / decidido
vosotros, -as	habéis	
ellos, ellas, Uds.	han	

b. To make a verb in the perfect tenses negative, *no* is placed before the verb *haber*. To make a verb interrogative, the subject is placed after the past participle. Pronouns (reflexive and object) also come before the verb *haber*.

No **han llamado todavía.**	*They haven't called yet.*
¿Ha comido *ella***?**	*Has she eaten?*
El niño no *se* **ha lavado las manos.**	*The boy hasn't washed his hands.*

    c. The present-perfect tense is used to describe an action that began in the past and continues up to the present, or an action that took place in the past but is connected with the present.

EXERCISE B   **¿Quién ha hecho eso?**   Tell who has done the following things in preparation for a family celebration.

EXAMPLE: Luisa / comprar los refrescos   Luisa **ha comprado** los refrescos.

1. mi abuela / hornear un pastel   _____

2. Felipe y Jorge / colgar unos adornos   _____

3. yo / sacudir los muebles   _____

4. mi hermana y yo / poner la mesa   _____

5. mi papá / volver al supermercado tres veces   _____

6. tú / traer más sillas   _____

7. mi mamá / preparar varios platos sabrosos   _____

EXERCISE C   **¿Todos listos?**   Before leaving on a car trip, Mrs. Núñez wants to know if everyone has done what they were supposed to do before leaving. Using *ya* or *todavía no*, express what she asks and what the people respond.

EXAMPLE: Norma / cerrar la puerta de la casa
         Norma, **¿has cerrado** la puerta de la casa?
         No, todavía **no he cerrado** la puerta de la casa.

1. Víctor / abrir las ventanas del carro

    _____

    _____

2. Gabriel y Carlos / meter las maletas en el carro

    _____

    _____

3. Sarita / comprar bocadillos y agua para el viaje

    _____

    _____

4. Arturo / revisar las llantas del carro

    _____

    _____

5. Carlos y Sarita / decidir qué juguetes llevar

_____

_____

6. Gabriel / encontrar el mapa

_____

_____

3.   The Pluperfect Tense

a. The pluperfect tense is formed by the imperfect tense of the verb *haber* (to have) and a past participle.

yo	había	
tú	habías	
él, ella, Ud.	había	trabajado / comprendido / decidido
nosotros, -as	habíamos	
vosotros, -as	habíais	
ellos, ellas, Uds.	habían	

b. The pluperfect tense is used to describe an action that was completed in the past before another action took place.

Ella *había estado* en Madrid antes.   *She had been in Madrid before.*

Yo nunca la *había conocido*.   *I had never met her.*

EXERCISE D   **La gran venta** (The big sale) Tell what had happened before the store's annual big sale began.

PARA EXPRESARSE MEJOR

el / la dependiente *store clerk*	**rebajar** *to reduce*
el / la gerente *manager*	**la venta** *sale*
hacer cola *to get on line*	

EXAMPLE: la compañía / anunciar la venta en la televisión
La compañía **había anunciado** la venta en la televisión.

1. yo / oír un anuncio en la televisión

_____

2. los empleados / llegar a la tienda a las seis de la mañana

_____

3. los dependientes / rebajar todos los precios

_____

4. la compañía / poner anuncios en todos los periódicos

_____

5. los clientes / hacer cola en la calle

_____

6. el gerente / abrir las puertas a las siete de la mañana

_____

EXERCISE E   **Van al campamento.** Tell what these people had done before they went to camp.

EXAMPLE: las familias / investigar el campamento
Las familias **habían investigado** el campamento.

1. los niños / inscribirse en el campamento _____

2. Felícita / separar la ropa para llevar _____

3. las madres / coser etiquetas en la ropa _____

4. Natalia / conocer a sus compañeras _____

5. Esteban y Doris / asistir a una reunión _____

6. tú / leer los folletos del campamento _____

7. los padres / hacer muchas preguntas _____

8. el padre / escribir un cheque _____

EXERCISE F   **Concurso de declamación poética** (Poetry contest) Tell what the following contestants had done before they participated in the poetry recitation contest.

EXAMPLE: Lupe / escoger el poema   Lupe **había escogido** el poema.

1. Nora y yo / leer una biografía del poeta

_____

2. Alfonso / pedirle ayuda a su tío

_____

3. todos los participantes / aprender el poema de memoria

_____

4. yo / ensayar el poema muchas veces

_____

5. tú / escribir una interpretación del poema

_____

6. Elena / oír una grabación de su declamación

_____

4.   The Past Participle as an Adjective

The past participle of most verbs can function as an adjective. When used as an adjective, it agrees in gender and number with the noun it modifies.

Busca un sombrero _adornado_ **con flores.**	_She is looking for a hat decorated with flowers._
Dejaron las estatuas _rotas_ **en el piso.**	_They left the broken statues on the floor._

EXERCISE G   **Anuncios**   Hilda notices the following statements as she looks through the classified section of the newspaper. Complete each statement with the past participle of the verb in parentheses, used as an adjective.

EXAMPLE: Vendemos mercancía _____ . (_importar_)

Vendemos mercancía **importada.**

1. Se reparan juguetes _____ . (_romper_)

2. Aprendan a hacer flores _____ de papel.   (_hacer_)

3. Se vende ropa _____ .   (_usar_)

4. Se venden corbatas _____ a mano.   (_pintar_)

5. Buscamos televisores _____ .   (_descomponer_)

6. Vendemos pasteles _____ en casa.   (_confeccionar_)

7. Gran venta de productos _____ .   (_descontinuar_)

8. Trabajadores _____ en la informática.   (_adiestrar_)

9. Gran surtido de muebles de pedidos _____ .   (_cancelar_)

10. Llámenos para recibir una lista de los títulos recién _____ .   (_publicar_)

EXERCISE H   **Requisitos**   You are writing an essay to include with your application to a special summer program. Write ten sentences in which you describe the things you have done that support your qualifications for this program. Use the present-perfect tense.

_____

_____

_____

_____

_____

_____

_____

_____

_____

CHAPTER 14
Adverbs; Comparisons

1. Adverbs

Adverbs describe and modify the action expressed by a verb. They explain how, when, where, why, or in what way the action takes place. Adverbs also modify adjectives and other adverbs. They do not change form according to gender or number. An adverbial phrase is a group of words that together function as an adverb.

a. Adverbs with -*MENTE*

Adverbs are generally formed by adding -*mente* to the feminine singular form of an adjective.

ADJECTIVE	ADVERB
lenta *slow* **descortés** *impolite, discourteous* **fuerte** *strong*	**lentamente** *slowly* **descortésmente** *impolitely, discourteously* **fuertemente** *strongly*

NOTE: 1. Adjectives that have an accent mark keep the accent mark when they are changed to adverbs.

hábil *skillfull*	**hábilmente** *skillfully*
difícil *difficult*	**difícilmente** *hardly, with difficulty*

2. In a series of two or more adverbs, the ending -*mente* is added only to the last one.

El chofer condujo **cuidadosa y profesionalmente.**	*The driver drove carefully* *and professionally.*

3. The adjectives *bueno* and *malo* have irregular adverb forms.

bueno *good*	**bien** *well*
malo *bad*	**mal** *badly*

Miriam tiene una voz *buena,* **pero hoy cantó** *mal.*	*Miriam has a good voice, but* *today she sang badly.*

4. Some adverbs have special forms:

aprisa *quickly*	**despacio** *slowly*

b. Adverbial Phrases of Mode, Time or Frequency, and Place

1. Adverbs of mode generally answer the question *how?* or *in what way?*, and are usually formed by adding -*mente* to the feminine singular form of the adjective.

Ella bailó divina*mente.*	*She danced divinely.*

2. Adverbial phrases of mode are generally formed as follows:

de manera + adjective

Él habla *de manera cómica.*   *He speaks in a funny way.*

de modo + adjective

Él habla *de modo cómico.*   *He speaks in a funny way.*

con + noun

Ana leyó el artículo *con cuidado*   *Ana read the article with care (carefully).*
(cuidadosamente).

3. The words *más, menos, mucho, poco, mejor, peor,* and *demasiado* may be used as adjectives or adverbs. As adjectives, *mucho, poco,* and *demasiado* vary in gender and number; as adverbs they do not change.

ADJECTIVE	ADVERB
Irene tiene *más* amigos que yo. *Irene has more friends than I do.*	**Ella es *menos* tímida.** *She is less shy.*
La familia Garza tiene *demasiados* carros. *The Garza family has too many cars.*	**Ellos son *demasiado* ricos.** *They are too rich.*
Tu letra es *mejor* que la mía. *Your handwriting is better than mine.*	**Yo escribo *peor* que tú.** *I write worse than you.*

EXERCISE A   **Noticias**   Larry and some friends have just watched a breaking story on the evening news. Tell what they say about how the newscaster presented the story using the cues provided.

EXAMPLE: El locutor habló **claramente.**

1. El locutor describió la noticia ——————— .
   (detallado)

2. El locutor pronunció los nombres ——————— .
   (correcto)

3. Presentó los acontecimientos ——————— .
   (hábil)

4. Interpretó la noticia ——————— .
   (inteligente)

5. Habló ——————— .
   (lento)

6. Entrevistó a muchas personas ——————— .
   (libre)

EXERCISE B   **Así son los niños.**   Nora has been baby-sitting a neighbor's children. Answer the questions the neighbor asks about Nora's day with the children. Use the cues provided in parentheses in the responses.

EXAMPLE: ¿Cómo jugaron los niños? (*enérgico*)
Los niños jugaron **enérgicamente.**

1. ¿Cómo corrieron en el parque? (*rápido*)

_____

2. ¿Cómo hicieron los quehaceres? (*cuidadoso*)

_____

3. ¿Cómo te hablaron los niños? (*cortés*)

_____

4. ¿Cómo trataron al perrito? (*tierno*)

_____

5. ¿Cómo te recibieron? (*alegre*)

_____

6. ¿Cómo compartieron los juguetes con los otros niños? (*generoso*)

_____

| EXERCISE C | ¿Qué dijiste? Héctor repeats what he hears but with a slight change. Tell what he says using an adverbial phrase composed of *con* + noun, or *de manera* (*modo*) + adjective. |

EXAMPLE: La señora se viste elegantemente.
La señora se viste **con elegancia (de manera elegante).**

1. Rogelio actúa cómicamente.

_____

2. Los anfitriones recibieron a los invitados alegremente.

_____

3. Alejandro esperó la llegada del avión pacientemente.

_____

4. Los músicos tocaron la sinfonía enérgicamente.

_____

5. Todo el mundo contribuyó generosamente a la caridad.

_____

6. El niño jugó con el perro tímidamente.

_____

| EXERCISE D | A mí me parece... (It seems to me . . .) Linda has an opinion about everything. Express what she says using the adverb and the appropriate form of the adjective in parentheses. |

EXAMPLE: El equipo juega **muchos** partidos, pero gana **poco**. (mucho, poco)

1. Mi hermana tiene ——————— trajes de baño, pero va a nadar ——————— .

(demasiado)   (poco)

2. María y Luz tocan ——————— instrumentos, pero Luz los toca ——————— .

(mucho)   (mejor)

3. Jaime tiene ——————— juguetes que Javier, pero Javier los cuida ——————— .

(más)   (mejor)

4. Luis y yo hacemos ——————— bromas, pero yo las hago ——————— que él.

(demasiado)   (peor)

5. Yo sé ——————— bailes que Elvira, pero yo bailo ——————— .

(menos)   (mejor)

4. Adverbs and adverbial phrases of time or frequency generally answer the question *when?*.

USEFUL ADVERBS OF TIME OR FREQUENCY

ahora *now*	**hoy** *today*	**siempre** *always*
anoche *last night*	**luego** *then*	**tarde** *late*
ayer *yesterday*	**nunca** *never*	**temprano** *early*
entonces *then*	**pronto** *soon*	**todavía** *still, yet*

ADVERBIAL PHRASES OF TIME OR FREQUENCY

algún día *some day*	**muchas veces** *often*
a veces *sometimes*	**pocas veces** *seldom*
cada fin de semana *every weekend*	**primero** *first*
esta noche *tonight*	**todos los días** *every day*
más tarde *later*	

EXERCISE E   **Actividades** Using an adverb or adverbial phrase, tell when you do, will do, or did the following activities.

EXAMPLE: leer el periódico   Yo leí el periódico **anoche.**

1. aprender a esquiar   _____

2. viajar al Oriente   _____

3. ver tu programa favorito   _____

4. ayudar en casa   _____

5. visitar a un amigo   _____

6. hablar por teléfono   _____

7. comprar tu propia casa   _____

EXERCISE F   **¿Cuándo? ¿Con qué frecuencia?**   Using the suggested adverbs or adverbial expressions, tell when or how frequently these people do or used to do the following activities.

a veces	anoche	cada fin de semana	muchas veces	nunca
siempre	tarde	temprano	todos los días	

EXAMPLE: Antes de tener su propio carro, el señor Riga **siempre** viajaba en tren.

1. Para mantenerse en buena forma, Ricardo juega al tenis _____ .

2. Antonia requiere ocho horas de sueño. Por eso ella no se acuesta _____ .

3. Aunque la señora García es una buena cocinera y suele comer en casa, _____ va a un restaurante.

4. A Milton no le gusta levantarse _____ y por eso _____ él pierde el autobús.

5. _____ Vicente y sus amigos asistieron a un concierto.

6. Para estar al día Elena escucha las noticas _____ .

7. Mis padres son muy puntuales. Ellos _____ llegan _____ .

5. Adverbs and adverbial phrases of place generally answer the question *where?*

USEFUL ADVERBS OF PLACE

abajo *below, downstairs*	**dentro (de)** *inside*
¿adónde? *(to) where?*	**derecho** *straight ahead*
allí *there*	**detrás (de)** *behind*
aquí *here*	**¿dónde?** *where?*
arriba *above, upstairs*	**delante de** *in front of, ahead of*
a la derecha *to the right*	**encima de** *on top of*
a la izquierda *to the left*	**enfrente (de)** *in front of, opposite*
al lado de *next to, alongside*	**frente a** *facing, in front of*
debajo de *beneath*	

EXERCISE G   **¿Dónde está(n)?**   Tell the location of the following items.

La lámpara **está al lado de la butaca.**

1. La ropa _____

_____ .

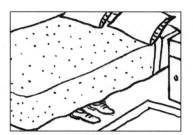

4. Los zapatos _____

_____ .

2. La computadora _____

_____ .

5. El cuchillo _____

_____ .

3. El restaurante _____

_____ .

6. El dependiente _____

_____ .

2. Comparisons

a. Comparisons of Equality

1. Adjectives or adverbs are compared as follows:

tan + adjective or adverb + *como* = as . . . as

Lola es *tan talentosa como* tú.	*Lola is as talented as you.*
Uds. son *tan perezosos como* yo.	*You are as lazy as I.*
Yo canto *tan bien como* ellas.	*I sing as well as they.*

EXERCISE H	**Somos iguales.** Hilda is describing the similarities she and her friends share. Express what she says.

EXAMPLE: Victoria es muy paciente. Yo soy muy paciente.
Victoria es **tan paciente como** yo.

1. Inés es muy bondadosa. Yo soy muy bondadosa.

_____

2. Yo soy muy seria. Juanita y Lola son muy serias.

_____

3. Janet es muy cómica. Yo soy muy cómica.

_____

4. Marilu es muy inteligente. Yo soy muy inteligente.

_____

5. Yo soy muy amigable. Vanessa es muy amigable.

_____

6. Clarisa es muy comprensiva. Yo soy muy comprensiva.

_____

EXERCISE 1   **No hay diferencia.**   Ralph is describing how he does things in comparison to his friends. Express what he says.

EXAMPLE: esquiar bien / Eddie   Yo **esquío tan bien como** Eddie.

1. nadar enérgicamente / Antonio

_____

2. estudiar seriamente / mis amigos

_____

3. conducir bien / Eduardo y Pedro

_____

4. correr rápidamente / Neil

_____

5. entablar amistades fácilmente / mis amigos

_____

2. Nouns are compared as follows:

tanto (-a, -os, -as) + noun + _como_ = as much / as many . . . as

Tengo _tantos_ discos compactos _como_ él.	_I have as many compact discs as he._
Ella ve _tantas_ películas _como_ yo.	_She sees as many films as I._
¿Cuántos refrescos bebió?	_How many sodas did he drink?_
Bebió _tantos_ (refrescos) _como_ tú.	_He drank as many as you._

| EXERCISE J | **La igualdad** Mike believes that he does as much as his friends. Express what he did. |

EXAMPLE: perder partidos   Yo **perdí tantos partidos como** mis amigos.

1. hacer investigaciones _____

2. ganar dinero _____

3. recibir mensajes electrónicos _____

4. beber refrescos _____

5. pasar horas en la biblioteca _____

6. levantar pesas _____

7. participar en obras teatrales _____

b. Comparisons of Inequality

1. Adjectives are compared as follows:

POSITIVE	cómico(-a, -os, -as)	funny
COMPARITIVE	más / menos cómico(-a, -os, -as)	funnier / less funny
SUPERLATIVE	el / la / los / las ... más / menos cómico(-a, -os, -as)	the funniest / the least funny

Jorge es *cómico.*   *Jorge is funny.*

Jorge es *más / menos cómico*   *Jorge is funnier / less funny*
   que **Juan.**   *than Juan.*

Jorge *es el más / menos cómico*
   del **grupo.**   *Jorge is the funniest (least funny) in the group.*

NOTE: 1. Generally, *than* is equivalent to *que.*

Anita es más alta *que* **Raquel.**   *Anita is taller than Raquel.*

2. When *than* precedes a number, it is expressed by *de,* except when the sentence is negative.

Yo pagué más *de* **veinte**   *I paid more than twenty dollars.*
   dólares.

Vale menos *de* **cincuenta**   *It is worth less than fifty dollars.*
   dólares.

But

Ella no pagó más que   *She paid only ten dollars. (She did not*
   diez dólares.   *spend more than ten dollars.)*

3. In the superlative, the noun stands between the article (*el, la, los, las*) and the adjective.

    Es la *película* más cómica.   *It's the funniest film.*
    Es el *cuento* menos interesante.   *It's the least interesting story.*

4. After a superlative, *de* means in.

    Yo soy el alumno menos   *I am the least athletic*
    atlético *de* la clase.   *student in the class.*

EXERCISE K   **Opiniones**   Express your feelings about the following things, using *más* or *menos*. Then express the opposite opinion.

EXAMPLE: Una computadora es útil. Una calculadora es útil.
            Una computadora **es más útil que** una calculadora.
            Una computadora **es menos útil que** una calculadora.

1. Un teléfono celular es eficaz. Una computadora portátil es eficaz.

    _____

    _____

2. Un carro es rápido. Un tren es rápido.

    _____

    _____

3. Un smoking es elegante. Un traje oscuro es elegante.

    _____

    _____

4. El pan está sabroso. La tortilla está sabrosa.

    _____

    _____

5. Nadar en el mar es divertido. Nadar en una piscina es divertido.

    _____

    _____

6. Las revistas son informativas. Los periódicos son informativos.

    _____

    _____

EXERCISE L   **Comparaciones**   Jenny is comparing her friends. Express what she says using the cues in parentheses.

EXAMPLE: Felipe es honrado. (más / Arturo)
Felipe es **más honrado que** Arturo.

1. Jacques es leal. (*menos / Edgar*)

   _____

2. Felicidad es cortés. (*más / Roberto*)

   _____

3. Silvia es puntual. (*menos / Marilyn*)

   _____

4. Gene y Alex son bondadosos. (*más / Bruce*)

   _____

5. Jane es aburrida. (*menos / Henry*)

   _____

EXERCISE M **El máximo** For each of the adjectives provided, express which of your friends or family members most demonstrates this quality or characteristic.

EXAMPLE: tranquilo **Mi mamá es la persona más tranquila de mi familia.**

1. próspero _____

2. alegre _____

3. divertido _____

4. generoso _____

5. introvertido _____

6. atrevido _____

7. bondadoso _____

2. Adverbs are compared as follows:

POSITIVE	**rápidamente**	*rapidly*
COMPARITIVE	**más (menos) rápidamente**	*more (less) rapidly*
SUPERLATIVE	**más (menos) rápidamente**	*more (less) rapidly than*

NOTE: The superlative of adverbs is not distinguished from the comparative.

EXERCISE N **A su manera** (Their way) Compare how these people do the following things. Alternate the use of *más* and *menos*.

EXAMPLE: conducir cuidadosamente / mi padre / mi hermano
Mi padre **conduce más / menos cuidadosamente que** mi hermano.

1. adaptarse fácilmente / mi hermana menor / mi hermana mayor

   _____

2. estudiar diligentemente / Luisa / Alicia

   _____

3. hablar libremente / mi abuelo / mi abuela

   _____

4. vestirse lentamente / Jeremy / Brian

   _____

5. correr rápidamente / Gina / Marisol

   _____

    c. Irregular Comparatives

POSITIVE	COMPARITIVE	SUPERLATIVE
bueno, **-a, -os, -as** _good_	**mejor, -es** _better_	**el / la mejor; los / las mejores** _the best_
malo, **-a, -os, -as** _bad_	**peor, -es** _worse_	**el / la peor; los / las peores** _the worst_
grande, -es _large (great)_	**mayor, -es** _greater, older_	**el / la mayor; los / las mayores** _the greatest / oldest_
pequeño, **-a, -os, -as** _small_	**menor, -es** _lesser, younger_	**el / la menor; los / las menores** _the least / youngest_

NOTE: 1. _Mejor_ and _peor_ generally precede the noun they modify.

       el _mejor_ **pintor**   _the best painter_   **la** _mejor_ **poetisa**   _the best poetess_

    2. _Mayor_ and _menor_ usually follow the noun they modify.

       el tío _mayor_   _the oldest uncle_   **su prima** _menor_   _his youngest cousin_

    3. The regular and irregular comparative forms of _grande_ and _pequeño_ have different meanings. _Más grande_ and _más pequeño_ compare differences in size or height (physical meaning); _mayor_ and _menor_ compare differences in age or status (figurative meaning).

       la hija más _pequeña_   _the smaller / smallest daughter_
       la hija _menor_   _the younger / youngest daughter_
       de mayor / menor **abundancia**   _of greater / lesser abundance_

EXERCISE O   **¿Quién lo hace mejor (peor)?**   Tell who does the following things better or worse than you.

EXAMPLE: bailar   Mi hermana **baila mejor que** yo.

1. silbar _____

2. dibujar _____

3. patinar _____

4. jugar al ajedrez _____

5. coser _____

6. hablar inglés _____

7. declamar un poema _____

d. The Absolute Superlative

To express an absolute superlatve (when no comparison is involved), *-ísimo, -ísima, -ísimos, -ísimas* is often added to the adjective. The meaning is the same as *muy* + adjective.

un equipo *muy popular* ⎫
un equipo *popularísimo* ⎭   *a very popular team*

una película *muy famosa* ⎫
una película *famosísima* ⎭   *a very famous film*

NOTE: 1.   Adjectives ending in a vowel drop that vowel before adding *-ísimo.*

2.   *Muchísimo* = very much

A ella le gusta *muchísimo* su trabajo.   *She likes her work very much.*

3.   Before adding *-ísimo,* adjectives ending in *co* change to *qu;* those ending in *go* change to *gu;* and those ending in *z* change to *c.*

ADJECTIVE	SUPERLATIVE	MEANING
rico	riquísimo	very rich
largo	larguísimo	very long
feliz	felicísimo	very happy

EXERCISE P   **Impresionadísimo**   Ricky returned from a trip very impressed by everything he saw. Express what he says by adding *-ísimo* (*-a, -os, -as*) to the adjectives given.

EXAMPLE: (interesante)   Fue un viaje **interesantísimo**.

1. La gente era _____ .
          (simpático)

2. Visitamos sitios _____ .
               (antiguo)

3. Caminamos por una calle ——————— .
   (estrecho)

4. También visitamos lugares ——————— .
   (moderno)

5. Nos quedamos en hoteles ——————— .
   (cómodo)

6. El servicio fue ——————— .
   (bueno)

7. Las comidas fueron ——————— .
   (rico)

8. Yo volví del viaje ——————— .
   (feliz)

EXERCISE Q | **Datos comparativos**   Write a paragraph of 10 sentences in Spanish in which you compare the facts you have learned about a new e-mail pal and yourself. You may wish to include comparisons dealing with personality characteristics, where you live, your interests, and the activities in which you participate.

_____

_____

_____

_____

_____

_____

_____

_____

_____

_____

CHAPTER 15
The Future and the Conditional Tenses

1. The Future Tense

a. The future tense of regular verbs is formed by adding to the infinitive the following endings:

	trabajar *to work*	comer *to eat*	abrir *to open*
yo	trabaja*ré*	come*ré*	abri*ré*
tú	trabaja*rás*	come*rás*	abri*rás*
él, ella, Ud.	trabaja*rá*	come*rá*	abri*rá*
nosotros, -as	trabaja*remos*	come*remos*	abri*remos*
vosotros, -as	trabaja*réis*	come*réis*	abri*réis*
ellos, ellas, Uds.	trabaja*rán*	come*rán*	abri*rán*

NOTE: 1. In English, the future tense is expressed by means of the helping verb *will* or *shall*.

Volveré **mañana.**   *I shall return tomorrow.*
(I will return tomorrow.)

¿Estudiarás **conmigo esta noche?**   *Will you study with me this evening?*

2. All the endings have an accent mark, except *-emos*.

b. The future tense of irregular verbs is formed by adding the future personal endings (*-é, -ás, -á, -emos, -éis, -án*) to an irregular stem.

1. The following verbs drop the *e* of the infinitive ending before adding the endings of the future.

caber *to fit*   **cabré, cabrás, cabrá, cabremos, cabréis, cabrán**

haber *to have (aux. verb)*   **habré, habrás, habrá, habremos, habréis, habrán**

poder *to be able*   **podré, podrás, podrá, podremos, podréis, podrán**

querer *to want, wish*   **querré, querrás, querrá, querremos, querréis, querrán**

saber *to know*   **sabré, sabrás, sabrá, sabremos, sabréis, sabrán**

2. The following verbs replace the *e* or *i* of the infinitive ending with a *d*, before adding the endings of the future.

poner *to put*   **pon*d*ré, pon*d*rás, pon*d*rá, pon*d*remos, pon*d*réis, pon*d*rán**

salir *to leave, go out*   **sal*d*ré, sal*d*rás, sal*d*rá, sal*d*remos, sal*d*réis, sal*d*rán**

tener *to have*   **ten*d*ré, ten*d*rás, ten*d*rá, ten*d*remos, ten*d*réis, ten*d*rán**

valer *to be worth*   **val*d*ré, val*d*rás, val*d*rá, val*d*remos, val*d*réis, val*d*rán**

venir *to come*   **ven*d*ré, ven*d*rás, ven*d*rá, ven*d*remos, ven*d*réis, ven*d*rán**

3. The following verbs drop the *e* and *c* of the infinitive before adding the endings of the future:

decir *to say, tell*   **diré, dirás, dirá, diremos, diréis, dirán**
hacer *to do, make*   **haré, harás, hará, haremos, haréis, harán**

c. The future tense is used:

1. to express future time.

   ¿A qué hora *terminará* el programa? *At what time will the program end?*

2. to express wonderment or probability in the present time.

   ¿Dónde *estará* él? *I wonder where he is.*
   ***Estará* en casa.** *He's probably at home.*

EXERCISE A   **Año nuevo, vida nueva** As the new year approaches, tell what several friends plan to do during the new year.

EXAMPLE: Jorge / limpiar su cuarto   Jorge **limpiará** su cuarto.

1. Silvia / llegar a la escuela temprano   _____

2. Milton e Iván / buscar trabajo   _____

3. yo / ir a los partidos de fútbol   _____

4. Ginny y yo / asistir a las clases de yoga   _____

5. Nick / ser más serio   _____

6. tú / comprar menos discos compactos   _____

7. Frank y Tere / leer el periódico todos los días   _____

EXERCISE B   **La jubilación** (Retirement) Now that your grandfather has retired, he seems to be busier than ever. Tell what he says he will do tomorrow.

EXAMPLE: levantarse temprano   Yo **me levantaré** temprano.

1. reunirse con un amigo a las siete de la mañana

_____

2. caminar dos millas (nosotros)

_____

3. volver a la casa antes de las nueve

_____

4. bañarse y luego vestirse

_____

5. comer el desayuno con tu abuela

_____

6. leer el periódico

_____

7. ir a una escuela primaria para ayudar a los alumnos

_____

8. enseñar a un niño a leer

_____

9. invitar a tu abuela a cenar en un restaurante

_____

10. ver una película en el cine (nosotros)

_____

11. oír las noticias antes de acostarse

_____

12. soñar con mis planes para mañana

_____

EXERCISE C   **El verano próximo**   Tell what these people will do next summer.

EXAMPLE: Luisa / trabajar en un banco   Luisa **trabajará** en un banco.

1. Esteban / hacer un viaje a la Argentina

_____

2. Vicente y Felipe / querer ir a la playa todos los días

_____

3. Emilia / tener que tomar un curso avanzado

_____

4. yo / visitar varias universidades

_____

5. Pedro / ver a sus amigos con más frecuencia

_____

6. tú / poder dedicarte a los ejercicios gimnásticos

_____

7. mis primos / venir a visitarme por quince días

_____

8. Antonio y yo / salir de la ciudad cada fin de semana

_____

| EXERCISE D | **Una llamada**   You are tired of waiting for a friend to respond to you your e-mail messages. Complete the message you send him with the future tense of the verbs indicated. |

En menos de quince días Julio y yo ⎯⎯⎯⎯⎯⎯⎯ para visitarte. Nosotros ⎯⎯⎯⎯⎯⎯⎯
                                      1. (salir)   2. (querer)

hablar contigo antes. Yo ⎯⎯⎯⎯⎯⎯⎯ llamarte por teléfono el domingo que viene. Tú y
                          3. (poder)

yo ⎯⎯⎯⎯⎯⎯⎯ mucho que arreglar para la visita. ⎯⎯⎯⎯⎯⎯⎯ más fácil hacerlo por
      4. (tener)   5. (Ser)

teléfono. Así yo no ⎯⎯⎯⎯⎯⎯⎯ que esperar tu respuesta por correo electrónico. Dime a qué
                      6. (tener)

hora tú ⎯⎯⎯⎯⎯⎯⎯ disponible para recibir la llamada. De esta manera yo ⎯⎯⎯⎯⎯⎯⎯
            7. (estar)   8. (saber)

que no ⎯⎯⎯⎯⎯⎯⎯ necesidad de dejarte un recado. Julio ⎯⎯⎯⎯⎯⎯⎯ a mi casa porque
            9. (haber)   10. (venir)

él ⎯⎯⎯⎯⎯⎯⎯ hablar contigo también. Nosotros ⎯⎯⎯⎯⎯⎯⎯ todo lo posible para ser
      11. (querer)   12. (hacer)

breve en el teléfono. Gracias.

| EXERCISE E | **El partido decisivo**   Answer the questions a friend asks about tomorrow's final game of the season. Respond using the future tense. |

1. ¿Vas a ir al partido mañana? _____

2. ¿Dónde va a tener lugar? _____

3. ¿Va a haber mucho público? _____

4. ¿Van a caber todas las personas? _____

5. ¿Quién va a hacer el primer gol? _____

6. ¿Cuál de los equipos va a ganar? _____

7. ¿Va a haber una celebración después? _____

2.   The Conditional Tense

a. The conditional tense of regular verbs is formed by adding to the infinitive the following endings:

	trabajar *to work*	**comer** *to eat*	**abrir** *to open*
yo	trabajaría	comería	abriría
tú	trabajarías	comerías	abrirías
él, ella, Ud.	trabajaría	comería	abriría
nosotros, -as	trabajaríamos	comeríamos	abriríamos
vosotros, -as	trabajaríais	comeríais	abriríais
ellos, ellas, Uds.	trabajarían	comerían	abrirían

NOTE: 1. In English, the conditional tense is expressed by means of the helping verb *would*.

¿A quién *escribirías*?   *To whom would you write?*

Escribiría al gerente.   *I would write to the manager.*

2. All the endings have an accent mark on the *i* of the ending.

b. The conditional tense of irregular verbs is formed by adding the conditional personal endings (*-ía, -ías, -ía, -íamos, -íais, -ían*) to an irregular stem.

1. The following verbs drop the *e* of the infinitive ending before adding the endings of the conditional:

caber	*to fit*	**cabría, cabrías, cabría, cabríamos, cabríais, cabrían**
haber	*to have (aux. verb)*	**habría, habrías, habría, habríamos, habríais, habrían**
poder	*to be able*	**podría, podrías, podría, podríamos, podríais, podrían**
querer	*to want, wish*	**querría, querrías, querría, querríamos, querríais, querrían**
saber	*to know*	**sabría, sabrías, sabría, sabríamos, sabríais, sabrían**

2. The following verbs replace the *e* or *i* of the infinitive ending with a *d,* before adding the endings of the conditional.

poner	*to put*	**pondría, pondrías, pondría, pondríamos, pondríais, pondrían**
salir	*to leave, go out*	**saldría, saldrías, saldría, saldríamos, saldríais, saldrían**
tener	*to have*	**tendría, tendrías, tendría, tendríamos, tendríais, tendrían**
valer	*to be worth*	**valdría, valdrías, valdría, valdríamos, valdríais, valdrían**
venir	*to come*	**vendría, vendrías, vendría, vendríamos, vendríais, vendrían**

3. The following verbs drop the *e* and *c* of the infinitive before adding the endings of the conditional.

decir	*to say, tell*	**diría, dirías, diría, diríamos, diríais, dirían**
hacer	*to do, make*	**haría, harías, haría, haríamos, haríais, harían**

NOTE: When *would* is used in the sense of *used to*, it is expressed by the imperfect tense, not the conditional.

Siempre nos *veíamos*.   *We always would (used to) see each other.*

c. The conditional is used:

1. To express what would or could happen in the future or to make a polite request.

Viajaría **a Costa Rica.**   *I would travel to Costa Rica.*

Me gustaría **un café con leche.**   *I would like a coffee with milk.*

2. To express wonderment or probability in the past.

   ¿Dónde *estaría* **él?**   *I wonder where he was.*

   Estaría **en casa.**   *He was probably at home.*

   NOTE: The future tense is commonly used in combination with the present tense; the conditional, with a past tense.

   Dice que *jugará.*   *He says that he will play.*

   Dijo que *jugaría.*   *He said that he would play.*

| **EXERCISE F** | **Los deportes**   Nick and some friends are looking at a brochure from a sports camp. Tell what they would do if they attended this camp. |

EXAMPLE: Rafael / jugar al golf   Rafael **jugaría** al golf.

1. yo / hacer el alpinismo   _____

2. Jeff y yo / practicar el esquí acuático   _____

3. tú / montar a caballo   _____

4. Enrique y Felipe / escalar una montaña   _____

5. Nancy / nadar   _____

6. Héctor y tú / navegar por el Pacífico   _____

| **EXERCISE G** | **Circunstancias**   Using the cues provided, tell what these people would do in these circumstances. |

EXAMPLE: Tengo hambre.   (*comer una manzana*)
            Comería una manzana.

1. Empieza a llover.   (*mi padre / ponerse un impermeable*)

   _____

2. Se ha estrenado una película buena.   (*María / ir al cine*)

   _____

3. Hace mucho calor en el cuarto.   (*tú / abrir la ventana*)

   _____

4. Ya es tarde para una cita.   (*la señora / tomar un taxi*)

   _____

5. El carro se ha descompuesto.   (*ellos / llamar a un mecánico*)

   _____

6. La maestra quiere saber por qué la clase está descontenta.   (*nosotros / decirle la verdad*)

_____

7. A Tomás no le alcanza el dinero para el almuerzo.   (*yo / prestarle dinero*)

_____

EXERCISE H   **¡Sería bonito!**   Tell what these people would do if they didn't have to work.

EXAMPLE: Sarita / tomar clases de drama   Sarita **tomaría** clases de drama.

1. Anita y yo / recorrer el mundo   _____

2. tú / aprender a volar un avión   _____

3. Clara / estudiar la decoración   _____

4. yo / escribir una novela   _____

5. Guy y Melissa / ayudar a los pobres   _____

6. Víctor / hacer un safari   _____

7. Mateo / dibujar historietas   _____

EXERCISE I   **Nosotros ayudaríamos**   Tell who would do the following things as part of the community service program at school.

EXAMPLE: Silvia / organizar una campaña de reciclaje
       Silvia **organizaría** una campaña de reciclaje.

1. Tomás / enseñar a los niños a jugar al baloncesto

_____

2. yo / visitar a los niños en el hospital

_____

3. Luz y Roberto / trabajar en la oficina del alcalde

_____

4. tú / leer historias a los niños

_____

5. Marina y yo / recoger dinero para las personas sin casa

_____

6. Alfonso y Dolores / sembrar árboles

_____

7. todos los alumnos / limpiar el parque

_____

EXERCISE J   **Pronóstico del tiempo**   You have been asked to prepare the weather forecast for the school's website. Write ten sentences, using the future tense, in which you give a detailed weather forecast. Include suggestions for activities based on your forecast.

PARA EXPRESARSE MEJOR
El tiempo

hacer calor   *to be warm*

hacer fresco   *to be cool*

hacer frío   *to be cold*

hacer viento   *to be windy*

hacer sol   *to be sunny*

estar nublado   *to be cloudy*

llover   *to rain*

llover a cántaros   *to rain hard* (*cats and dogs*)

nevar   *to snow*

_____

_____

_____

_____

_____

_____

_____

_____

_____

EXERCISE K   **Un fin de semana perfecto**   Write ten sentences, using the conditional tense, in which you describe the things you would do to have a perfect weekend.

_____

_____

_____

_____

_____

_____

_____

_____

CHAPTER 16
Negation

1. Principal Negatives and Their Opposite Affirmatives

NEGATIVE		AFFIRMATIVE	
no	*no, not*	**sí**	*yes*
nadie	*no one, nobody, (not) anyone*	**alguien**	*someone, somebody, anyone*
nada	*nothing, (not) anything*	**algo**	*something, anything*
nunca / **jamás**	*never, (not) ever*	**siempre**	*always*
tampoco	*neither, not either*	**también**	*also*
ninguno(-a)	*no, none, (not) any*	**alguno(-a)**	*some, any*
ni... ni	*neither . . . nor, not . . . nor*	**o... o**	*either . . . or*

a. *No* is the most common negative and always precedes the conjugated verb.

Ellos *no* bailan.   *They don't dance.*

¿*No* leíste ese libro?   *Didn't you read that book?*

b. A double negative is acceptable in Spanish and occurs frequently. If one of the negatives is *no*, it precedes the verb. If *no* is omitted, the other negative must precede the verb.

Ella *no* descansa nunca. ⎫
Ella *nunca* descansa. ⎬ *She never rests.*

c. *Nadie* can be used as the subject or the object of the verb. When it is the object of the verb, it is preceded by *a*.

Nadie presta atención. ⎫
No presta atención *nadie*. ⎬ *No one pays attention.*

But

No le escribo *a nadie*. ⎫
***A nadie* le escribo.** ⎬ *I don't write to anyone.*

d. *Ninguno* drops the final *o* and requires a written accent over the *u*, if it immediately precedes a masculine singular noun. If a preposition comes between *ninguno* and the noun, the full form is used.

***Ningún* deporte me interesa.**	*No sport interests me.*
***Ninguno* de los deportes me interesa.**	*None of the sports interest me.*
***Ninguna* película me interesa.**	*No film interests me.*

NOTE: Like *ninguno*, *alguno* drops the final *o* and requires a written accent over the *u*, if it comes immediately before a masculine singular noun. If a preposition comes between *alguno* and the noun, the full form is used.

Algún vaso tiene refresco.   *Some glass has soda.*

Alguno de los vasos tiene refresco.   *Some of the glasses have soda.*

EXERCISE A   **Al contrario**   When Philip's younger brother awakens, he asks him many questions. Express Philip's answers to his questions.

EXAMPLE: ¿Está mi mamá?   *No,* tu mamá *no* está.

1. ¿Hace buen tiempo? _____

2. ¿Vamos a ir al parque? _____

3. ¿Piensas salir con tus amigos? _____

4. ¿Juegas conmigo? _____

5. ¿Me llevas a casa de mi amigo Jim? _____

6. ¿Regresa pronto mi mamá? _____

7. ¿Me preparas el desayuno? _____

EXERCISE B   **No estoy de acuerdo.**   Doris and her sister never agree on anything. Express what Doris says in response to her sister's comments on what she did yesterday.

EXAMPLE: Yo escribí muchas cartas.   **Tú no escribiste nada.**

1. Toqué una pieza nueva en el piano.

_____

2. Vi un documental sobre los animales salvajes en la televisión.

_____

3. Terminé toda la tarea.

_____

4. Aprendí a jugar otro juego de mesa.

_____

5. Leí un artículo interesante.

_____

6. Compré varias prendas de ropa.

_____

7. Encontré dinero en la calle.

_____

EXERCISE C   **Un día malo**   Hugo is upset because it seems that everyone abandoned him yesterday. Answer the questions a friend asks him.

EXAMPLE: ¿Quién te acompañó al centro?   **Nadie** me acompañó.

1. ¿Quién te ayudó con la tarea?

_____

2. ¿Te llamó alguien por teléfono anoche?

_____

3. ¿Quién te invitó a salir?

_____

4. ¿Quién estudió contigo?

_____

5. ¿Se sentó alguien contigo en el autobús escolar?

_____

6. ¿Quién te buscó por la noche?

_____

EXERCISE D   **Actividades nuevas**   A friend wants to know the activities in which you have participated. Answer the friend's questions.

EXAMPLE: ¿Has montado en moto?
                Nunca he montado en moto. (**No** he montado **nunca** en moto.)

1. ¿Has practicado el esquí acuático?

_____

2. ¿Has participado en un maratón?

_____

3. ¿Has creado un programa original en la computadora?

_____

4. ¿Has visitado a otro país?

_____

5. ¿Has acampado solo en las montañas?

_____

6. ¿Has escrito una novela?

_____

7. ¿Has cruzado un puente largo a pie?

_____

EXERCISE E   **Una lista de compras**   You are helping your mother prepare a shopping list. Based on the drawing, answer your mother's questions.

EXAMPLE: ¿Hay algunos refrescos?   **No** hay **ningunos** refrescos.

1. ¿Hay algunas galletas?   _____

2. ¿Hay algún aceite allí?   _____

3. ¿Hay algún azúcar allí?   _____

4. ¿Hay algunos huevos?   _____

5. ¿Hay alguna gelatina?   _____

6. ¿Hay algún queso?   _____

7. ¿Hay alguna verdura?   _____

EXERCISE F   **Mejores amigos**   Delia and Elena are best friends and share similar likes and dislikes. Express what Elena says when Delia describes her dislikes.

EXAMPLE: A mí no me gusta salir cuando llueve.

A mí **tampoco** me gusta salir cuando llueve.

1. No me gustan las películas de ciencia-ficción.

_____

2. No me interesan los conciertos de música clásica.

_____

3. No me encantan los parques de atracciones.

_____

4. Yo no tengo ningún interés en aprender a coser.

_____

5. Yo no practico muchos deportes.

_____

6. No me atrae la moda exótica de vestir.

_____

| **EXERCISE G** | **De mal humor** Victor is in a bad mood and reacts negatively to the questions a friend asks him. Express Victor's answers. |

EXAMPLE: ¿Necesitas algo?   **No, no** necesito **nada.** / No, **nada** necesito.

1. ¿Siempre ves tu programa de televisión los martes?

_____

2. ¿Tienes algún videojuego nuevo?

_____

3. ¿Debes ayudarle a alguien hoy?

_____

4. ¿Siempre escuchas tu tocadiscos cuando hablamos?

_____

5. ¿Tienes planes con algún amigo hoy?

_____

6. ¿Piensas ir a alguna parte esta tarde?

_____

7. ¿Quieres hacer algo conmigo esta tarde?

_____

8. ¿Siempre estás de mal humor?

_____

| **EXERCISE H** | **Un perfil opuesto** Nilda shows some statements she wrote about herself to her friend Miriam. As Miriam reads them, she reacts to each statement. Express what Miriam says using negative words. |

EXAMPLE: Yo me levanto temprano todos los días.   Yo **nunca** me levanto temprano.

1. Yo siempre saludo a todo el mundo por la mañana.

_____

2. Siempre prefiero bañarme por la noche.

_____

3. Yo le ayudo a todo el mundo.

_____

4. Yo hablo italiano y francés.

_____

5. Yo no practico muchos deportes.

_____

6. No me gustan las películas con actos de violencia.

_____

7. Yo siempre encuentro algo que hacer.

_____

8. Yo toco algunos instrumentos musicales.

_____

2.   Frequently Used Negative Expressions

Ni yo tampoco.   _Me either._

Creo que no.   _I don't think so._

De nada.   _You're welcome. (answer to "Gracias")_

de ninguna manera
de ningún modo   } _by no means_

en ninguna parte
en ningún lado   } _nowhere_

No es así.   _It's not so._

No es para tanto.   _It's not such a big deal._

No hay más remedio.   _It can't be helped._

No importa.   _It doesn't matter._

No me cobraron más que un dólar.   _They charged me only a dollar._

¡No me digas!   _Don't tell me! (You don't say!)_

No me gusta nada.   _I don't like it at all._

No puede ser.   _It can't be._

No puedo más.   _I can't take any more._

¿No te parece?   _Don't you think so?_

¿Por qué no?   _Why not?_

ya no...   _no longer_

| EXERCISE 1 | **¡No me digas!**   Using a negative expression, respond to these situations.

EXAMPLE: Una amiga te pide tu opinión sobre un vestido que acaba de comprar.
          No me gusta **nada.**

1. Un amigo te dice que no habrá clases mañana porque hay una inundación en la escuela.

   _____

2. Tu padre te invita a acompañarlo a la agencia de automóviles porque piensa comprar un carro nuevo.

   _____

3. Una vecina te da las gracias por un favor que le hiciste.

   _____

4. Tu hermano te pregunta si sabes dónde conseguir un disco compacto popular que está agotado.

   _____

5. Un compañero de la escuela te dice que no piensa asistir a una función escolar el viernes por la noche.

   _____

6. Tu madre te pregunta si una amiga tuya sigue trabajando en el centro comercial.

   _____

7. Un amigo te dice que oyó que tú hiciste un comentario desfavorable de él.

   _____

8. El autobús no funciona y tendrás que caminar una milla.

   _____

9. Has ayudado en casa todo el día del sábado.

   _____

10. Un amigo te dice que no tiene bastante dinero para pagar la cuenta en el café aunque él te invitó a tomar algo.

    _____

| EXERCISE J | **Así soy yo.** Write ten sentences in Spanish in which you describe yourself, using as many negative words and expressions as possible. You may wish to include personality traits, as well as activities from your personal routine. |

_____

_____

_____

_____

_____

CHAPTER 17
The Subjunctive Mood

All the verb tenses you have studied until now have been in the indicative mood. *Mood* describes the form of the verb that reflects the subject's attitude. The subjunctive mood enables speakers of Spanish to express a variety of feelings and attitudes through the use of different verb forms and constructions.

The indicative mood states facts and expresses certainty or reality based upon the speaker's knowledge or experiences. It is used in main or leading clauses. The subjunctive mood, on the other hand, expresses uncertainty, doubt, desires, wishes, fears, conjecture, supposition, and conditions that are unreal or contrary to fact. It is used in dependent or secondary clauses. The use of the subjunctive mood is governed by the verb in the main clause or an uncertainty that is implied in some other way. The subjunctive mood exists in both English and Spanish, but it occurs much more frequently in Spanish. In this chapter, only the present and present-perfect tenses of the subjunctive will be introduced.

1.   The Present-Tense Subjunctive

a. Regular Verbs

Most verbs form the present-tense subjunctive by dropping the ending of the *yo* form of the present indicative (*-o*) and adding the corresponding endings.

	cantar *to sing* (**canto**)	comer *to eat* (**como**)	vivir *to live* (**vivo**)
yo	cante	coma	viva
tú	cantes	comas	vivas
Ud., él, ella	cante	coma	viva
nosotros, -as	cantemos	comamos	vivamos
vosotros, -as	cantéis	comáis	viváis
Uds., ellos, ellas	canten	coman	vivan

Yo espero que Gina *cante*.   *I hope that Gina sings.*

**Ella quiere que nosotros *comamos*   *She wants us to eat early.*
   temprano.**

**Mi padre quiere que la familia   *My father wants the family to live here.*
   viva aquí.**

b. Stem-changing Verbs

1. Stem-changing *-ar* and *-er* verbs have the same changes in the present-tense subjunctive as in the present-tense indicative (*e to ie, o to ue*).

	pensar *to think*	mover *to move*
yo	piense	mueva
tú	pienses	muevas
Ud., él, ella	piense	mueva
nosotros, -as	pensemos	movamos
vosotros, -as	penséis	mováis
Uds., ellos, ellas	piensen	muevan

2. Stem-changing *-ir* verbs have the same stem changes in the present-tense subjunctive as in the present-tense indicative (*e* to *ie, o* to *ue, e* to *i*). In the *nosotros* and *vosotros* forms, the stem vowel *e* changes to *i* and the stem vowel *o* changes to *u*.

	referir *to tell, refer*	dormir *to sleep*	pedir *to ask for*
yo	refiera	duerma	pida
tú	refieras	duermas	pidas
Ud., él, ella	refiera	duerma	pida
nosotros, -as	refiramos	durmamos	pidamos
vosotros, -as	refiráis	durmáis	pidáis
Uds., ellos, ellas	refieran	duerman	pidan

c. Verbs with Spelling Changes

1. In the present-tense subjunctive of verbs ending in *-car, -gar,* and *-zar, c* changes to *qu, g* to *gu,* and *z* to *c*. These spelling changes are the same as those that occur in the *yo*-form of the preterit tense.

	buscar *to look for* (busqué)	llegar *to arrive* (llegué)	alzar *to lift* (alcé)
yo	busque	llegue	alce
tú	busques	llegues	alces
Ud., él, ella	busque	llegue	alce
nosotros, -as	busquemos	lleguemos	alcemos
vosotros, -as	busquéis	lleguéis	alcéis
Uds., ellos, ellas	busquen	lleguen	alcen

NOTE: To keep its original sound, the *u* in *averiguar* changes to *ü* before *e*. Otherwise the *u* would be silent, as in *guerra*.

Preterit-Tense Indicative: *averigüé*

Present-Tense Subjunctive: *averigüe*

2. Some verbs ending in *-iar* or *-uar* have an accent mark on the *i* or *u* (*í, ú*) in all forms except those for *nosotros* and *vosotros*.

	guiar *to guide, to drive*	**actuar** *to act*
yo	guíe	actúe
tú	guíes	actúes
Ud., él, ella	guíe	actúe
nosotros, -as	guiemos	actuemos
vosotros, -as	guiéis	actuéis
Uds., ellos, ellas	guíen	actúen

d. Verbs with Irregular *yo*-Forms

Verbs with irregular *yo* forms in the present-tense indicative use the same irregular stem to form the present-tense subjunctive.

INFINITIVE	PRESENT INDICATIVE YO-FORM	PRESENT SUBJUNCTIVE	
caber	quepo	quepa	quepamos
		quepas	quepáis
		quepa	quepan
coger	cojo	coja	cojamos
		cojas	cojáis
		coja	cojan
conocer	conozco	conozca	conozcamos
		conozcas	conozcáis
		conozca	conozcan
destruir	destruyo	destruya	destruyamos
		destruyas	destruyáis
		destruya	destruyan
distinguir	distingo	distinga	distingamos
		distingas	distingáis
		distinga	distingan
salir	salgo	salga	salgamos
		salgas	salgáis
		salga	salgan
venir	vengo	venga	vengamos
		vengas	vengáis
		venga	vengan

EXERCISE A | **Los exploradores** As the boy scout troop prepares to leave on its first camping weekend, the troop leader gives the scouts rules. Express what he says, using the impersonal expression *"Es preciso que"* in each statement.

EXAMPLE: Uds. / prestar atención **Es preciso que** Uds. **presten** atención.

1. todo el mundo / guardar sus cosas

_____

2. todos los grupos / seguir las instrucciones

_____

3. nadie / alejarse del grupo

_____

4. Uds. / hacer las preguntas necesarias

_____

5. cada explorador / cargar su propia mochila

_____

6. todos / usar el mapa

_____

7. Uds. y yo / gozar de la experiencia

_____

EXERCISE B   **Maestra sustituta**   The Spanish teacher is absent and the substitute tells the class what she wants them to do. Express what she says, using *"Quiero que"* in each statement.

EXAMPLE: Uds. / sentarse ahora   **Quiero que** Uds. **se sienten** ahora.

1. todo el mundo / sacar los libros

_____

2. Uds. / ponerse en grupos

_____

3. cada alumno / participar en el ejercicio

_____

4. Uds. / aprender el vocabulario nuevo

_____

5. un alumno de cada grupo / buscar las palabras en el diccionario

_____

6. todos / practicar el vocabulario nuevo

_____

7. cada grupo / escribir un cuento original con el vocabulario

_____

8. Uds. / continuar trabajando durante toda la clase

_____

9. todo el mundo / terminar la práctica

_____

10. cada alumno / entregar el ejercicio

_____

> **e.** Present-Tense Subjunctive of Irregular Verbs
>
> The following verbs have irregular forms in the present-tense subjunctive:
>
> | | | |
> |---|---|---|
> | **dar** _to give_ | **dé, des, dé, demos, deis, den** |
> | **estar** _to be_ | **esté, estés, esté, estemos, estéis, estén** |
> | **haber** _to be_ | _**haya, hayas, haya, hayamos, hayáis, hayan**_ |
> | **ir** _to go_ | _**vaya, vayas, vayas, vayamos, vayáis, vayan**_ |
> | **saber** _to know_ | _**sepa, sepas, sepa, sepamos, sepáis, sepan**_ |
> | **ser** _to be_ | **sea, seas, sea, seamos, seáis, sean** |

EXERCISE C **Recomendaciones** Sally is upset because her aunt always makes recommendations and suggestions about what people should do. Express what she says, using _"La tía recomienda que"_ or _"La tía sugiere que"_ in each statement.

EXAMPLE: Beto / estudiar en España
La tía recomienda (sugiere) que Beto **estudie** en España.

1. Vivian / ir a la boda de su ex-novio

_____

2. Danny y Felipe / hacer servicio voluntario en el hospital

_____

3. Mimi y yo / prestarle unas piezas de joyería

_____

4. Andy / estar listo para cuidar a sus hermanos

_____

5. los suegros / dejar de viajar tanto

_____

6. la abuela / ponerse ropa más juvenil

_____

7. mi padre / buscar otro empleo

_____

8. los padres de Sally / conocer a sus amigos

_____

EXERCISE D | **Un mensaje electrónico** Nancy hasn't heard from her cousin in Buenos Aires for some time. Complete the e-mail message she sends to her cousin with the appropriate form of the verbs indicated.

Querida prima:

Espero que tú _____ bien. Lamento que desde hace mucho tiempo no _____

1. (estar)
 2. (haber)

ningún mensaje tuyo en mi buzón electrónico. Dudo que tú _____ tan ocupada. Es im-

3. (andar)

portante que tú y yo _____ en comunicación. Para lograr eso, es necesario que tú

4. (estar)

me _____ un mensaje de vez en cuando. Toda la familia quiere que tú _____

5. (poner)
 6. (saber)

que te queremos mucho. Quiero que tú _____ mis saludos a toda la familia. También

7. (dar)

espero que muy pronto tú _____ hacer un viaje a visitarnos. Espero que dentro

8. (poder)

de poco la computadora _____ «Tienes correo» cuando la encienda y que tú

9. (decir)

_____ mi «prima electrónica» de nuevo.

10. (ser)

Nancy

2. The Present-Perfect Subjunctive

a. The present-perfect subjunctive is formed by the present subjunctive of *haber* + the past participle of the verb in the dependent clause.

Dudo que ella *haya ido* a la fiesta.   *I doubt that she has gone (went) to the party.*

b. The present-perfect subjunctive is used if the verb in the main clause is in the present tense and the dependent verb refers to an event that has taken place.

Espero que ellos *hayan llegado*   *I hope that they have arrived*
a tiempo.   *(arrived) on time.*

EXERCISE E | **Resultados malos** The school's football team did not have a good season. Everyone that was interviewed for the school newspaper had a different opinion. Express what each person said.

EXAMPLE: probable / el equipo / no practicar suficiente
Es probable que el equipo no **haya practicado** suficiente.

1. una lástima / el mejor jugador / romperse la pierna en el primer partido

_____

2. dudoso / los estudiantes / apoyar bien al equipo

_____

3. probable / los mejores jugadores / ya graduarse

_____

4. una lástima / tantos jugadores / salir heridos en los partidos

_____

5. no creo / el entrenador / no saber ayudar a los jugadores

_____

3. Uses of the Subjunctive Mood Tenses

a. Dependent Clauses

The subjunctive in dependent clauses is introduced by the conjunction *que*.

1. The subjunctive tenses are used in a dependent clause when the subject of the verb in the main clause advises, commands, demands, desires, hopes, permits, prefers, prohibits, requests, or suggests that the person in the dependent clause do something. Some common verbs and impersonal expressions that require the subjunctive are:

aconsejar *to advise*	**permitir** *to permt, to allow*
decir *to tell (someone to do something)*	**preferir** *to prefer*
desear *to wish*	**prohibir** *to forbid*
esperar *to hope*	**querer** *to want*
exigir *to demand*	**rogar** *to beg*
mandar *to order*	**sugerir** *to suggest*
ordenar *to order*	**suplicar** *to implore, to beg*
pedir *to ask, to request*	

es importante que *it is important that*
es mejor que *it is better that*
es necesario que *it is necessary that*
es preciso que *it is necessary that*
ojalá que *I hope that; let's hope that*

El médico *aconseja que* **Juan** *descanse.*	*The doctor advises Juan to rest (that Juan rest).*
Yo *quiero que* **ella** *compre* **este carro.**	*I want her to buy this car.*
La maestra *espera que* **todos los alumnos** *salgan* **bien en el examen.**	*The teacher hopes that all the students pass the test.*
El banquero *exige que* *paguen* **el préstamo.**	*The banker demands that they pay the loan.*
Ella *me pide que* **le** *ayude.*	*She asks me to help her.*
Mi padre *prohibe que* **yo** *conduzca* **el carro.**	*My father prohibits that I drive the car.*

Él *quiere que cenemos* **juntos.**	*He wants us to have dinner together.*
Ella *ruega que* **le** *prestes* **la tarea.**	*She begs that you lend her the assignment.*
Sugieren que **los** *visitemos* otro día.	*They suggest that we visit them another day.*
Es necesario que hagamos **ejercicio** cada día.	*It is necessary that we exercise each day.*
Es mejor que **tú me lo** *digas* **ahora.**	*It is better that you say it to me now.*

NOTE: In each of the above sentences, the subject of the main verb is different from the subject of the dependent verb. If the subjects are the same, *que* is omitted and the infinitive form of the dependent verb is used.

Yo *quiero comprar* **este carro.**	*I want to buy this car.*
Él *espera cenar.*	*He expects to have dinner.*
But	
Tú necesitas **que** *yo esté* **aquí.**	*You need that I be here.* (You need me to be here.)

EXERCISE F   **Una discusión abierta** While waiting for their children to leave school, several mothers have a discussion. Express what they say.

EXAMPLE: yo / prohibir / mis hijos / ver cualquier película
Yo **prohibo que** mis hijos **vean** cualquier película.

1. los maestros / aconsejar / los alumnos / tomar un curso especial

2. el director / sugerir / nosotras / revisar la tarea cada noche

3. mis hijos / querer / yo / aprobar todo lo que hacen

4. mi esposo / exigir / mi hijo / pedir permiso para todo

5. yo / rogarle a mi hija / ella / hacerme caso

6. es importante / los hijos / saber respetar a los mayores

7. más vale / ser estrictas ahora

8. yo / esperar / nosotras / comunicarse a menudo

EXERCISE G | **Cada quien su idea** Use the suggestions provided to express these people's opinion.

aprender otra lengua
buscar curas para todas las enfermedades
cumplir con sus promesas
hacer buen tiempo el día del último partido
obedecer las señales de tráfico

vivir en paz
pagar los impuestos
tener una vida mejor
tener un sentido de humor

EXAMPLE: La ley manda que los choferes **obedezcan las señales de tráfico**.

1. Los jugadores quieren que _____ .

2. Los padres esperan que los hijos _____ .

3. El público pide que los políticos _____ .

4. Los profesores de idiomas desean que cada niño _____ .

5. Es necesario que los científicos _____ .

6. Ojalá que las generaciones venideras _____ .

7. El gobierno exige que los ciudadanos _____ .

8. Es importante _____ .

EXERCISE H | **Sugerencias** Express the suggestions that different family members make as they plan their annual reunion. Use the appropriate form of *sugerir* or *recomendar* in the main clause.

EXAMPLE: el abuelo / nosotros / invitar a todos los parientes
El abuelo **sugiere (recomienda) que** nosotros **invitemos** a todos los parientes.

1. la abuela / cada persona / traer algo de comer

   _____

2. los niños / la reunión / tener lugar en un parque

   _____

3. yo / todos / ir a un restaurante

   _____

4. los tíos / haber muchas actividades para los niños

   _____

5. mamá / ellos / rifar un premio

   _____

6. Jorge / los primos / compartir sus juguetes

   _____

2. The subjunctive is used after verbs and impersonal expressions that express feelings or emotions, such as fear, joy, sorrow, regret, surprise. Some verbs and impersonal expressions that reflect these feelings or emotions are:

alegrarse (de) *to be glad*	**sorprenderse (de)** *to be surprised*
lamentar *to be sorry about, to regret*	**temer** *to fear*
sentir *to be sorry, to regret*	

tener miedo (de) *to fear, to be afraid*
es bueno que *it is good that*
es imposible que *it is impossible that*
es posible que *it is possible that*
es una lástima que *it is a pity (shame) that*

Me alegro de que **tú** *hayas* **llamado.**	*I am happy that you called.*
Ella lamenta que **ellos no me** *puedan* **acompañar.**	*She regrets that they cannot accompany me.*
Siento que **tú** *estés* **enfermo.**	*I am sorry that you are ill.*
La señora se sorprende de que **el tren** *esté* **tan limpio.**	*The woman is surprised that the train is so clean.*
Temen que **la película** *sea* **aburrida.**	*They fear that the film is boring.*
Es bueno que haga **sol hoy.**	*It is good that it's sunny today.*
Es imposible que **tú** *hayas* **pintado ese cuadro.**	*It is impossible that you painted that painting.*
Es una lástima que **no** *haya* **más gente en el teatro.**	*It is a pity that there aren't more people in the theater.*

EXERCISE 1   ¡Escuchen bien!   You are on a tour bus in Madrid going to El Prado. Express what the tour guide tells the passengers, using the cues in parentheses.

EXAMPLE: Llegamos con mucha rapidez. (*alegrarse*)
  Me alegro de que lleguemos con mucha rapidez.

1. Hay mucha cola para entrar. (*temer*)

   _____

2. Uds. no conocerán todos los salones en una visita. (*es imposible*)

   _____

3. Uds. no tienen más tiempo. (*lamentar*)

   _____

4. Uds. no pueden llevar las cámaras adentro. (*sentir*)

   _____

5. Somos un grupo pequeño. (*es bueno*)

   _____

6. No cobran entrada hoy. (*sorprenderse*)

_____

7. El salón de Goya está en reparación. (*es una lástima*)

_____

8. Venden tarjetas y reproducciones en la tienda del museo (*es bueno*)

_____

| EXERCISE J | **Reacciones** Using the cues provided, express Rita's reaction to the things a friend tells her. |

EXAMPLE: Voy a una boda. (*alegrarse*)   **Me alegro de que vayas** a una boda.

1. Judy se casa con Michael. (*sorprenderse*)

_____

2. Seré su madrina en la boda. (*alegrarse*)

_____

3. Invitarán a más de doscientas personas a la boda. (*es imposible*)

_____

4. Van a gastar mucho dinero en la fiesta. (*es una lástima*)

_____

5. Tengo que comprar un vestido especial. (*sentir*)

_____

6. Sergio no puede acompañarme a la boda. (*lamentar*)

_____

7. Judy y Michael se quieren mucho. (*es bueno*)

_____

3. The subjunctive is used after verbs or impersonal expressions in the main clause that express doubt, disbelief, and denial. The verb *dudar* (to doubt) and the impersonal expressions *es dudoso* (it is doubtful), and *es probable* (it is probable) require the use of the subjunctive in the dependent clause. When *dudar*, *es dudoso* or *es probable* are used in the negative, the verb in the dependent clause is in the indicative.

No dudo que él *trabaja* hoy.	*I don't doubt he will work today.*
But	
Dudo que él *trabaje* hoy.	*I doubt he will work today.*
Es dudoso / probable que él *trabaje* hoy.	*It is doubtful / probable he will work today.*

Creer and *pensar*, when used interrogatively and negatively, indicate uncertainty and are usually followed by the subjunctive in the dependent clause. The impersonal expressions *es cierto, es verdad,* and *es evidente* are followed by the indicative. When they are negative (*no es cierto, no es verdad, no es evidente*) they are followed by the subjunctive in the dependent clause.

*Creen (**Piensan / No dudan**) que* ella *canta* **bien.**	They believe (*think / don't doubt*) *that she sings well.*
*No creen (**No piensan / Dudan**) que ella canta* **bien.**	They don't believe (*don't think / They doubt) that she sings well.*
No es verdad que lleguen **pronto.**	*It's not true that they will arrive soon.*
Es verdad que llegan **pronto.**	*It's true that they will arrive soon.*

EXERCISE K   **Pensador positivo o negativo**   Are you a positive or a negative thinker? Express your opinion about each of the following items. For each item, make both a positive and a negative statement using the expressions provided below.

dudar	es dudoso	creer / pensar	no creer / no pensar
es probable	es evidente	es verdad	es cierto

EXAMPLE: El número de turistas disminuirá.
　　　　Creo que el número de turistas **disminuye.**
　　　　Es dudoso que el número de turistas **disminuya.**

1. Habrá menos desempleo.

　_____

　_____

2. La gente protegerá el medio ambiente.

　_____

　_____

3. Los políticos serán más responsables.

　_____

　_____

4. El valor del dólar aumentará.

　_____

　_____

5. Los científicos harán muchos avances.

　_____

　_____

6. Los valores básicos se conservarán.

　_____

　_____

7. La tecnología controlará la vida diaria de la gente.

_____

_____

8. La paz perdurará por todo el mundo.

_____

_____

9. El nivel de vida se mejorará.

_____

_____

10. Los ejércitos se desaparecerán.

_____

_____

EXERCISE L | **Cosas antiguas** You are helping your parents clean the attic. Use *dudar, no creer, no pensar,* or *es dudoso* with the cue in parentheses to express their reaction to the items they uncover.

EXAMPLE: Es el juego de té de tu hermana. (*necesitar*)
No creo que ella lo **necesite.**

1. Es mi vestido de matrimonio. (*venirme*)

_____

2. Es la colección de insectos de Felipe. (*interesarle*)

_____

3. Es tu bicicleta. (*servirme*)

_____

4. Es la pelota de fútbol de tu hermano. (*querer*)

_____

5. Es la medalla que tu hermana recibió en la escuela primaria. (*recordar*)

_____

EXERCISE M | **Sueños** Write ten sentences in Spanish in which you describe dreams and hopes for yourself and your friends in the next ten years. Begin each sentence with a verb that will require the present-tense subjunctive in the dependent clause, such as *querer, desear, esperar, es posible, es probable, es importante,* etc.

_____

_____

_____

_____

_____

_____

_____

_____

_____

_____

CHAPTER 18

Formation of Questions; Interrogative and Exclamatory Words

1. Formation of Questions

a. In a statement, the subject usually comes before the verb. In Spanish, a statement can be made into a question by changing the order of the subject and the verb. These questions anticipate a yes or no response. When speaking, a question can be formed by changing the intonation pattern from falling to rising at the end of the sentence without changing the word order.

Miguel va a la escuela.	*Miguel goes to school.*

¿Va Miguel a la escuela?	
¿Miguel va a la escuela?	*Is Miguel going to school?*

b. Statements can also be changed into questions expecting a yes or no response by adding a tag phrase. Common tag phrases are *¿verdad?*, *¿no es verdad?*, *¿no?*, and *¿no es cierto?*

Tú vas a la fiesta, *¿no es verdad*?   *You're going to the party, aren't you?*

Nos vemos mañana, *¿no*?   *We'll see each other tomorrow, won't we?*

NOTE: 1.   In Spanish, all questions have an inverted question mark (¿) at the beginning and a standard one (?) at the end.

¿Quieres acompañarme?   *Do you want to accompany me?*

2.   If the statement is negative, only *¿verdad?* may be used as a tag.

Juan *no* trabaja mucho, *¿verdad*?   *Juan doesn't work a lot, does he?*

EXERCISE A   **¿Qué dijiste?**   Alex is telling his younger brother about the outing to the zoo that they have planned for the next day. His brother responds by forming a question from the statement. Express what his brother asks.

EXAMPLE: Mañana tú y yo vamos a visitar el parque zoológico.
   ¿Vamos a visitar el parque zoológico mañana?

1. Tenemos que salir temprano.

_____

2. Vamos a viajar en tren.

_____

3. Hay muchos animales exóticos en el parque zoológico.

_____

4. Puedes llevar una cámara.

   _____

5. Michael no puede acompañarnos.

   _____

6. Tú visitarás la casa de las serpientes.

   _____

7. Muchos de los animales están en jaulas.

   _____

8. Te compraré un recuerdo en la tienda del parque zoológico.

   _____

2.   Interrogative Words

COMMON INTERROGATIVE EXPRESSIONS

¿qué? _what?_	**¿cuánto (-a)?** _how much?_
¿quién (-es)? _who?_	**¿cuántos (-as)?** _how many?_
¿a quién (-es)? _whom?, to whom?_	**¿cómo?** _how?_
¿de quién (-es)? _whose?, of whom?_	**¿por qué?** _why?_
¿con quién (-es)? _with whom?_	**¿dónde?** _where?_
¿cuál (-es)? _which?, which one(s)?_	**¿de dónde?** _(from) where?_
¿cuándo? _when?_	**¿adónde?** _(to) where?_

NOTE: 1. All interrogative words have a written accent.

2. When interrogatives are used in a question, the subject-verb order is reversed from the order in statements.

   ¿Cómo _están ellos_?   _How are they?_
   Ellos están bien.   _They are well._
   ¿Qué _compró Isabel_?   _What did Isabel buy?_
   Isabel compró un suéter.   _Isabel bought a sweater._

3. Both _¿qué?_ and _¿cuál?_ are equivalent to English _what?_ and _which?_, but the two words are not usually interchangeable in Spanish.

   * _¿Qué?_ seeks a description, definition, or explanation. It is used instead of _¿cuál?_ before a noun.

      ¿Qué significa «dinero»?   _What does "dinero" mean?_
      ¿Qué postre pides?   _Which dessert are you ordering?_

   * _¿Cuál?_ implies a choice or selection.

      ¿Cuál es la fecha de hoy?   _What is today's date?_

¿Cuáles **son los días de la semana?**	*Which are the days of the week?*
¿Cuál **de los postres pides?**	*Which of the desserts are you ordering?*

- *¿Adónde?* is used instead of *¿dónde?* to indicate motion to a place (to where).

¿Adónde **van ellas?**	*Where are they going?*

EXERCISE B   **¿Qué preguntaste?**   Pablo heard only the responses to questions his friends asked. Express the questions that produced these responses. Base your questions on the underlined words.

EXAMPLE: Vamos al estadio. **¿Adónde van Uds.?**

1. Comienzo el trabajo el lunes.

   _____

2. Había muchas personas en el centro comercial.

   _____

3. Elena compró un abrigo bonito.

   _____

4. Comimos en un café pequeño.

   _____

5. Jack y Ana comieron conmigo.

   _____

6. Esta revista es de Marisol.

   _____

7. La casa nueva de Felipe es grande y cómoda.

   _____

8. Esta noche vamos a reunirnos en casa de Felipe.

   _____

EXERCISE C   **Un diálogo**   You are listening to a dialogue on tape but the questions were not recorded. Express the questions that elicited these responses.

EXAMPLE: Yo me llamo Alejandro Ramos.
      ¿Cómo te llamas? (¿Cómo se llama Ud.?)

1. Estoy muy bien, gracias.

   _____

2. Yo nací en Guadalajara, México.

   _____

3. Tengo dieciocho años.

_____

4. Yo vine a este país el año pasado.

_____

5. Vine aquí para estudiar.

_____

6. Mis materias favoritas son el inglés y la química.

_____

7. Prefiero el fútbol.

_____

8. Por lo general salgo con unos compañeros de la clase de inglés.

_____

9. Vamos al cine.

_____

10. Quiero llegar a ser científico.

_____

EXERCISE D   **Ayúdame, por favor.**   Clarita likes to ask her sister what certain things are used for. Based on the answers given, express the questions Clarita asks her sister.

EXAMPLE: Se usa un vaso para beber.   **¿Qué se usa para beber?**

1. Se usa una regla para medir.   _____

2. Se usa un cuchillo para cortar.   _____

3. Se usa jabón para lavarse.   _____

4. Se usa un peine para peinarse.   _____

5. Se usa una calculadora para añadir.   _____

6. Se usa un bolígrafo para escribir.   _____

EXERCISE E   **¡Cuéntame más de ti!** (Tell me more about yourself!)   Janet is preparing an e-mail message to send to a new penpal in a Spanish-speaking country. Complete the questions with _¿qué?_ or _¿cuál / cuáles?_

1. ¿ _____ deportes te gustan?

2. ¿ _____ es tu deporte favorito?

3. ¿ _____ haces los fines de semana?

4. ¿ _____ actividades de la escuela prefieres?

5. ¿ _____ telenovelas ves?

6. ¿ _____ de ellas es la más emocionante?

7. ¿ _____ son los grupos musicales predilectos en tu país?

EXERCISE F | **Muchas preguntas** Elliot prepared a note to leave for his parents when he goes out with some friends. He tries to anticipate the questions his parents would ask. Based on his note, express the questions he tried to answer.

Mi amigo Carlos acaba de llamarme por teléfono. Me invitó a acompañarlo al centro deportivo donde él se ejercita. El centro deportivo está cerca de la biblioteca y vamos a ir en autobús. Es una buena oportunidad para mí porque si me gusta el club, pienso hacerme socio también. Regreso a casa a eso de las seis y media y tendré mucha hambre porque pienso hacer mucho ejercicio en el club.

Su hijo, Eliot

1. _____

2. _____

3. _____

4. _____

5. _____

6. _____

7. _____

EXERCISE G | **Entrevista escolar** At parents night at school, the teacher asks Andres' mother questions about his study habits. Complete the questions she asks with the appropriate question words.

1. ¿ _____ es Andrés en casa?

2. ¿ _____ suele preparar Andrés la tarea y estudiar?

3. ¿ _____ son los otros quehaceres que él tiene en casa?

4. ¿ _____ le pide ayuda?

5. ¿ _____ horas pasa estudiando cada noche?

6. ¿ _____ cuarto de la casa estudia?

7. ¿ _____ otra cosa hace mientras estudia?

8. ¿ _____ clase de distracciones hay en su cuarto?

9. ¿ _____ estudia a veces o siempre estudia solo?

10. ¿ _____ podemos ayudarle?

11. ¿ _____ no trae sus libros a la clase?

12. ¿ _____ va Ud. a comunicarse conmigo otra vez?

3. Exclamatory Words

Exclamatory words, like interrogative words, have written accents. The most common exclamatory words are:

¡Qué... ! *What . . . !, What a . . . !, How . . . !*

¡Qué pintura! *What a painting!*

¡Qué inteligente es! *How intelligent she is!*

¡Qué amable eres! *How kind you are!*

¡Cuánto, -a... ! *How much . . . !*

¡Cuánta nieve! *How much snow!*

¡Cuántos, -as... ! *How many . . . !*

¡Cuántos esquiadores hay! *How many skiers there are!*

NOTE: 1. Exclamatory sentences have an inverted exclamation mark (¡) at the beginning and a standard one (!) at the end.

2. If there is an adjective next to a noun, the exclamation is made more intense by placing *tan* or *más* before the adjective.

¡Qué **comida** *más* **(***tan***) sabrosa!** *What a flavorful meal!*

EXERCISE H **Reacciones** Nelson is showing photographs he took during a recent trip to Spain to some friends. Express the comments they make about the photos.

EXAMPLE: paisaje / pintoresco   **¡Qué** paisaje **tan (más)** pintoresco!

1. edificios / antiguo   _____

2. tierra / fértil   _____

3. monumentos / impresionante   _____

4. tiendas / elegante   _____

5. pueblo / rústico   _____

6. gente / agradable   _____

7. playa / limpia   _____

EXERCISE I **Una crítica literaria** Joan and some friends are discussing a novel they had to read for their English class. Everyone has a different opinion. Express the comments they made using *¡qué!* or an appropriate form of *¡cuánto!*

EXAMPLE: personajes / exagerados.   ¡Qué personajes **tan (más)** exagerados!

1. descripciones / vívidas   _____

2. argumento / débil   _____

3. diálogos / rídiculos   _____

4. novela / aburrida   _____

5. personajes en la novela   _____

6. falta de imaginación del autor _____

7. protagonista / creíble   _____

| EXERCISE J | **Necesito información.**   You are working at the customer service desk of a large store. One of your responsibilities is to help customers who want to return a purchase. Prepare a list of at least ten questions you would ask the customers in order to process their request. For example: name, address, telephone, purchase date, price, reason for return, means of payment, etc. |

_____

_____

_____

_____

_____

_____

_____

_____

_____

_____

Appendix

1. Regular Verbs

INFINITIVE	bailar	comer	vivir
PRESENT	bailo	como	vivo
	bailas	comes	vives
	baila	come	vive
	bailamos	comemos	vivimos
	bailáis	coméis	vivís
	bailan	comen	viven
PRETERIT	bailé	comí	viví
	bailaste	comiste	viviste
	bailó	comió	vivió
	bailamos	comimos	vivimos
	bailasteis	comisteis	vivisteis
	bailaron	comieron	vivieron
IMPERFECT	bailaba	comía	vivía
	bailabas	comías	vivías
	bailaba	comía	vivía
	bailábamos	comíamos	vivíamos
	bailábais	comíais	vivíais
	bailaban	comían	vivían
FUTURE	bailaré	comeré	viviré
	bailarás	comerás	vivirás
	bailará	comerá	vivirá
	bailaremos	comeremos	viviremos
	bailaréis	comeréis	viviréis
	bailarán	comerán	vivirán
CONDITIONAL	bailaría	comería	viviría
	bailarías	comerías	vivirías
	bailaría	comería	viviría
	bailaríamos	comeríamos	viviríamos
	bailaríais	comeríais	viviríais
	bailarían	comerían	vivirían

COMMANDS (IMPERATIVE)	baila no bailes } (tú)	come no comas } (tú)	vive no vivas } (tú)
	baile (Ud.)	corra (Ud.)	viva (Ud.)
	bailemos (nosotros)	corramos (nosotros)	vivamos (nosotros)
	bailad no bailéis } (vosotros)	comed no comáis } (vosotros)	vivid no viváis } (vosotros)
	bailen (Uds.)	corran (Uds.)	vivan (Uds.)
PRESENT SUBJUNCTIVE	baile bailes baile bailemos bailéis bailen	coma comas coma comamos comáis coman	viva vivas viva vivamos viváis vivan
PRESENT PERFECT	he has ha hemos habéis han } bailado / comido / vivido		
PLUPERFECT	había habías había habíamos habíais habían } bailado / comido / vivido		
PRESENT PERFECT SUBJUNCTIVE	haya hayas haya hayamos hayáis hayan } bailado / comido / vivido		

2. Stem-Changing Verbs

a. *-AR* Verbs

INFINITIVE	pensar (**e** to **ie**)	mostrar (**o** to **ue**)	jugar (**u** to **ue**)

PRESENT	pienso	muestro	juego
	piensas	muestras	juegas
	piensa	muestra	juega
	pensamos	mostramos	jugamos
	pensáis	mostráis	jugáis
	piensan	muestran	juegan
PRESENT SUBJUNCTIVE	piense	muestre	juegue
	pienses	muestres	juegues
	piense	muestre	juegue
	pensemos	mostremos	juguemos
	penséis	mostréis	juguéis
	piensen	muestren	jueguen

b. *-ER* Verbs

INFINITIVE	perder (**e** to **ie**)	volver (**o** to **ue**)
PRESENT	pierdo	vuelvo
	pierdes	vuelves
	pierde	vuelve
	perdemos	volvemos
	perdéis	volvéis
	pierden	vuelven
PRESENT SUBJUNCTIVE	pierda	vuelva
	pierdas	vuelvas
	pierda	vuelva
	perdamos	volvamos
	perdáis	volváis
	pierdan	vuelvan

c. *-IR* Verbs

INFINITIVE	pedir (**e** to **i, i**)	sentir (**e** to **ie, i**)	dormir (**o** to **ue, u**)
PRESENT	pido	siento	duermo
	pides	sientes	duermes
	pide	siente	duerme
	pedimos	sentimos	dormimos
	pedís	sentís	dormís
	piden	sienten	duermen

PRETERIT	pedí	sentí	dormí
	pediste	sentiste	dormiste
	pidió	sintió	durmió
	pedimos	sentimos	dormimos
	pedisteis	sentisteis	dormisteis
	pidieron	sintieron	durmieron
PRESENT SUBJUNCTIVE	pida	sienta	duerma
	pidas	sientas	duermas
	pida	sienta	duerma
	pidamos	sintamos	durmamos
	pidáis	sintáis	durmáis
	pidan	sientan	duerman
COMMANDS	pide / no pidas } (tú)	siente / no sientas } (tú)	duerme / no duermas } (tú)
	pida (Ud.)	sienta (Ud.)	duerma (Ud.)
	pidamos (nosotros)	sintamos (nosotros)	durmamos (nosotros)
	pedid / no pidáis } (vosotros)	sentid / no sintáis } (vosotros)	dormid / no durmáis } (vosotros)
	pidan (Uds.)	sientan (Uds.)	duerman (Uds.)

3. Spelling-Changing Verbs

a. Verbs in *-CER* or *-CIR*

INFINITIVE	ofrecer (**c** to **zc**)	conducir (**c** to **zc**)	convencer (**c** to **z**)
PRESENT	ofrezco	conduzco	convenzo
	ofreces	conduces	convences
	ofrece	conduce	convence
	ofrecemos	conducimos	convencemos
	ofrecéis	conducís	convencéis
	ofrecen	conducen	convencen
PRESENT SUBJUNCTIVE	ofrezca	conduzca	convenza
	ofrezcas	conduzcas	convenzas
	ofrezca	conduzca	convenza
	ofrezcamos	conduzcamos	convenzamos
	ofrezcáis	conduzcáis	convenzáis
	ofrezcan	conduzcan	convenzan

COMMANDS	ofrece / no ofrezcas } (tú)	conduce / no conduzcas } (tú)	convence / no convenzas } (tú)
	ofrezca (Ud.)	conduzca (Ud.)	convenza (Ud.)
	ofrezcamos (nosotros)	conduzcamos (nosotros)	convenzamos (nosotros)
	ofreced / no ofrezcáis } (vosotros)	conducid / no conduzcáis } (vosotros)	convenced / no convenzáis } (vosotros)
	ofrezcan (Uds.)	conduzcan (Uds.)	convenzan (Uds.)

b. Verbs That Change *I* to *Y*

INFINITIVE	leer	caer	oír	incluir
PRETERIT	leí	caí	oí	incluí
	leíste	caíste	oíste	incluíste
	leyó	cayó	oyó	incluyó
	leímos	caímos	oímos	incluímos
	leísteis	caísteis	oísteis	incluísteis
	leyeron	cayeron	oyeron	incluyeron
PAST PARTICIPLE	leído	caído	oído	incluído

c. Verbs Ending in *-GER* or *-GIR*

INFINITIVE	coger	dirigir
PRESENT INDICATIVE	cojo	dirijo
	coges	diriges
	coge	dirige
	cogemos	dirigimos
	cogéis	dirigís
	cogen	dirigen
PRESENT SUBJUNCTIVE	coja	dirija
	cojas	dirijas
	coja	dirija
	cojamos	dirijamos
	cojáis	dirijáis
	cojan	dirijan

d. Verbs Ending in -*GUIR*

INFINITIVE	disting**uir**	
PRESENT INDICATIVE	disting**o** distingues distingue distinguimos distinguís distinguen	
PRESENT SUBJUNCTIVE	disting**a** disting**as** disting**a** disting**amos** disting**áis** disting**an**	

e. Verbs Ending in -*CAR*, -*GAR*, and -*ZAR*

INFINITIVE	sa**car** (**c** to **qu**)	pa**gar** (**g** to **gu**)	go**zar** (**z** to **c**)
PRETERIT	sa**qué** sacaste sacó sacamos sacasteis sacaron	pa**gué** pagaste pagó pagamos pagasteis pagaron	go**cé** gozaste gozó gozamos gozasteis gozaron
SUBJUNCTIVE	sa**que** sa**ques** sa**que** sa**quemos** sa**quéis** sa**quen**	pa**gue** pa**gues** pa**gue** pa**guemos** pa**guéis** pa**guen**	go**ce** go**ces** go**ce** go**cemos** go**céis** go**cen**

4. Irregular Verbs

NOTE: Only the tenses containing irregular forms are given.

INFINITIVE	and**ar**
PRETERIT	and**uve**, and**uviste**, and**uvo**, and**uvimos**, and**uvisteis**, and**uvieron**

INFINITIVE	caber
PRESENT	**quep**o, cabes, cabe, cabemos, cabéis, caben
PRETERIT	**cupe**, **cup**iste, **cup**o, **cup**imos, **cup**isteis, **cup**ieron
FUTURE	**cabr**é, **cabr**ás, **cabr**á, **cabr**emos, **cabr**éis, **cabr**án
CONDITIONAL	**cabr**ía, **cabr**ías, **cabr**ía, **cabr**íamos, **cabr**íais, **cabr**án
PRESENT SUBJUNCTIVE	**quep**a, **quep**as, **quep**a, **quep**amos, **quep**áis, **quep**an

INFINITIVE	caer
PRESENT	ca**ig**o, caes, cae, caemos, caéis, caen
PRETERIT	caí, caíste, cayó, caímos, caísteis, cayeron
PRESENT SUBJUNCTIVE	ca**ig**a, ca**ig**as, ca**ig**a, ca**ig**amos, ca**ig**áis, ca**ig**an
PAST PARTICIPLE	caído
GERUND	cayendo

INFINITIVE	dar
PRESENT	d**oy**, das, da, damos, dais, dan
PRETERIT	d**i**, d**iste**, d**io**, d**imos**, d**isteis**, d**ieron**
PRESENT SUBJUNCTIVE	d**é**, des, d**é**, demos, deis, den

INFINITIVE	de**cir**
PRESENT	d**ig**o, d**ic**es, d**ic**e, decimos, decís, d**ic**en
PRETERIT	d**ije**, d**ij**iste, d**ij**o, d**ij**imos, d**ij**isteis, d**ij**eron
FUTURE	d**ir**é, d**ir**ás, d**ir**á, d**ir**emos, d**ir**éis, d**ir**án
CONDITIONAL	d**ir**ía, d**ir**ías, d**ir**ía, d**ir**íamos, d**ir**íais, d**ir**ían
PRESENT SUBJUNCTIVE	d**ig**a, d**ig**as, d**ig**a. d**ig**amos, d**ig**áis, d**ig**an
COMMAND	d**i** (tú), d**ig**a (Ud.), d**ig**an (Uds.), d**ig**amos (nosotros)
PAST PARTICIPLE	d**icho**
GERUND	d**ic**iendo

INFINITIVE	estar
PRESENT	estoy, estás, está, estamos, estáis, están
PRETERIT	estuve, estuviste, estuvo, estuvimos, estuvisteis, estuvieron
PRESENT SUBJUNCTIVE	esté, estés, esté, estemos, estéis, estén

INFINITIVE	haber (auxiliary verb)
PRESENT	he, has, ha, hemos, habéis, han
PRETERIT	hube, hubiste, hubo, hubimos, hubisteis, hubieron
FUTURE	habré, habrás, habrá, habremos, habréis, habrán
CONDITIONAL	habría, habrías, habría, habríamos, habríais, habrían
PRESENT SUBJUNCTIVE	haya, hayas, haya, hayamos, hayáis, hayan

INFINITIVE	hacer
PRESENT	hago, haces, hace, hacemos, hacéis, hacen
PRETERIT	hice, hiciste, hizo, hicimos, hicisteis, hicieron
FUTURE	haré, harás, hará, haremos, haréis, harán
CONDITIONAL	haría, harías, haría, haríamos, haríais, harían
PRESENT SUBJUNCTIVE	haga, hagas, haga, hagamos, hagáis, hagan
COMMAND	haz (tú), haga (Ud.), hagamos (nosotros), hagan (Uds.)
GERUND	hecho

INFINITIVE	ir
PRESENT	voy, vas, va, vamos, vais, van
IMPERFECT	iba, ibas, iba, íbamos, ibais, iban
PRETERIT	fui, fuiste, fue, fuimos, fuisteis, fueron
PRESENT SUBJUNCTIVE	vaya, vayas, vaya, vayamos, vayáis, vayan
COMMAND	ve (tú), vaya (Ud.), vayamos (nosotros), vayan (Uds.),
GERUND	yendo

INFINITIVE	oír
PRESENT	**oig**o, **oy**es, **oy**e, oímos, oís, **oy**en
PRETERIT	oí, oíste, **oy**ó, oímos, oísteis, **oy**eron
PRESENT SUBJUNCTIVE	**oig**a, **oig**as, **oig**a, **oig**amos, **oig**áis, **oig**an
COMMAND	**oy**e (tú), **oig**a Ud., **oig**amos (nosotros), **oig**an Uds.
PAST PARTICIPLE	oído
GERUND	**oy**endo

INFINITIVE	pod**er**
PRESENT	**pue**do, **pue**des, **pue**de, podemos, podéis, **pue**den
PRETERIT	**pu**de, **pu**diste, **pu**do, **pu**dimos, **pu**disteis, **pu**dieron
FUTURE	podré, podrás, podrá, podremos, podréis, podrán
CONDITIONAL	podría, podrías, podría, podríamos, podríais, podrían
GERUND	**pu**diendo

INFINITIVE	pon**er**
PRESENT	pon**go**, pones, pone, ponemos, ponéis, ponen
PRETERIT	**pu**se, **pu**siste, **pu**so, **pu**simos, **pu**sisteis, **pu**sieron
FUTURE	pondré, pondrás, pondrá, pondremos, pondréis, pondrán
CONDITIONAL	pondría, pondrías, pondría, pondríamos, pondríais, pondrían
PRESENT SUBJUNCTIVE	pon**ga**, pon**gas**, pon**ga**, pon**gamos**, pon**gáis**, pon**gan**
COMMAND	pon (tú), pon**ga** (Ud.), pon**gamos** (nosotros), pon**gan** (Uds.)
PAST PARTICIPLE	**puest**o

INFINITIVE	quer**er**
PRESENT	**quie**ro, **quie**res, **quie**re, queremos, queréis, **quie**ren
PRETERIT	**qui**se, **qui**siste, **qui**so, **qui**simos, **qui**sisteis, **qui**sieron
FUTURE	querré, querrás, querré, querremos, querréis, querrán
CONDITIONAL	querría, querrías, querría, querríamos, querríais, querrían
PRESENT SUBJUNCTIVE	**quie**ra, **quie**ras, **quie**ra, queramos, queráis, **quie**ran

INFINITIVE	saber
PRESENT	sé, sabes, sabe, sabemos, sabéis, saben
PRETERIT	supe, supiste, supo, supimos, supisteis, supieron
FUTURE	sabré, sabrás, sabrá, sabremos, sabréis, sabrán
CONDITIONAL	sabría, sabrías, sabría, sabríamos, sabríais, sabrían
PRESENT SUBJUNCTIVE	sepa, sepas, sepa, sepamos, sepáis, sepan
COMMAND	sabe (tú), sepa (Ud.), sepamos (nosotros), sepan (Uds.)

INFINITIVE	salir
PRESENT	salgo, sales, sale, salimos, salís, salen
FUTURE	saldré, saldrás, saldrá, saldremos, saldréis, saldrán
CONDITIONAL	saldría, saldrías, saldría, saldríamos, saldríais, saldrían
PRESENT SUBJUNCTIVE	salga, salgas, salga, salgamos, salgáis, salgan
COMMAND	sal (tú), salga (Ud.), salgamos (nosotros), salgan (Uds.)

INFINITIVE	ser
PRESENT	soy, eres, es, somos, sois, son
IMPERFECT	era, eras, era, éramos, erais, eran
PRETERIT	fui, fuiste, fue, fuimos, fuisteis, fueron
PRESENT SUBJUNCTIVE	sea, seas, sea, seamos, seáis, sean
COMMAND	sé (tú), sea (Ud.), seamos (nosotros), sean (Uds.)

INFINITIVE	tener
PRESENT	tengo, tienes, tiene, tenemos, tenéis, tienen
PRETERIT	tuve, tuviste, tuvo, tuvimos, tuvisteis, tuvieron
FUTURE	tendré, tendrás, tendré, tendremos, tendréis, tendrán
CONDITIONAL	tendría, tendrías, tendría, tendríamos, tendríais, tendrían
PRESENT SUBJUNCTIVE	tenga, tengas, tenga, tengamos, tengáis, tengan
COMMAND	ten (tú), tenga (Ud.), tengamos (nosotros), tengan (Uds.)

INFINITIVE	traer
PRESENT	traigo, traes, trae, traemos, traéis, traen
PRETERIT	traje, trajiste, trajo, trajimos, trajisteis, trajeron
PRESENT SUBJUNCTIVE	traiga, traigas, traiga, traigamos, traigáis, traigan
PAST PARTICIPLE	traído
GERUND	trayendo
COMMAND	trae (tú), traiga (Ud.), traigamos (nosotros), traigan (Uds.)

INFINITIVE	valer
PRESENT	valgo, vales, vale, valemos, valéis, valen
FUTURE	valdré, valdrás, valdrá, valdremos, valdréis, valdrán
CONDITIONAL	valdría, valdrías, valdría, valdríamos, valdríais, valdrían
PRESENT SUBJUNCTIVE	valga, valgas, valga, valgamos, valgáis, valgan

INFINITIVE	venir
PRESENT	vengo, vienes, viene, venimos, venís, vienen
PRETERIT	vine, viniste, vino, vinimos, vinisteis, vinieron
FUTURE	vendré, vendrás, vendrá, vendremos, vendréis, vendrán
CONDITIONAL	vendría, vendrías, vendría, vendríamos, vendríais, vendrían
PRESENT SUBJUNCTIVE	venga, vengas, venga, vengamos, vengáis, vengan
COMMAND	ven (tú), venga (Ud.), vengamos (nosotros), vengan (Uds.)
GERUND	viniendo

INFINITIVE	ver
PRESENT	veo, ves, ve, vemos, veis, ven
IMPERFECT	veía, veías, veía, veíamos, veíais, veían
PRESENT SUBJUNCTIVE	vea, veas, vea, veamos, veáis, vean
PAST PARTICIPLE	visto
COMMAND	ve (tú), vea (Ud.), veamos (nosotros), vean (Uds.)

5. Punctuation

Although Spanish punctuation is similar to English, it has the following major differences:

a. In Spanish, questions have an inverted question mark (¿) at the beginning and a normal one at the end.

¿Quién es?   *Who is it?*

b. In Spanish, exclamatory sentences have an inverted exclamation point (¡) at the beginning and a normal one at the end.

¡Qué día!   *What a day!*

c. The comma is used at the end of non-restrictive relative phrases.

La blusa, que costó doscientos dólares, es muy bonita.   *The blouse, which costs two hundred dollars, is very pretty.*

d. The comma is not used before *y, e, o, u,* and *ni* in a series.

El lunes, el martes y el miércoles hay clases.   *There are classes on Monday, Tuesday, and Wednesday.*

e. In decimals, Spanish uses a comma where English uses a period.

3,5 (tres coma cinco)   *3.5 (three point five)*

f. Spanish final quotation marks precede the comma or period.

Cervantes escribió «El Quijote».   *Cervantes wrote "The Quijote."*

6. Syllabication

Spanish words are generally divided at the end of a line according to units of sound.

a. A syllable normally begins with a consonant. The division is made before the consonant.

va / ler   ca / **mi** / sa   a / **me** / ri / ca / no   re / fe / rir

b. *Ch, ll,* and *rr* are never divided.

di / **cho**   ha / **lla** / do   pe / **rro**

c. If two or more consonants are combined, the division is made before the last consonant, except in the combinations *bl, br, cl, cr, pl, pr,* and *tr*.

trans / por / te   des / cu / bier / to   con / ti / nuar   al / ber / ca

But

ha/**bl**ar   cu/**br**ir   es/**cri**/bir   a/**pren**/der   dis/**tri**/buir

d. Compound words, including words with prefixes and suffixes, may be divided by components or by syllables.

sur / a / me / ri / ca / no	*or*	**su** / **ra** / me / ri / ca / no
mal / estar	*or*	**ma** / **les** / tar

7.   Pronunciation

Stress in a word follows three general rules:

a. If the word ends in a vowel or *n* or *s*, the next-to-last syllable is stressed.

es / cu**e** / la   de/s**a**s/tre   j**o**/ven   se/**ño**/res

b. If the word ends in a consonant, except *n* or *s*, the final syllable is stressed.

com/pren/d**er**   a/la/b**ar**   re/ci/b**ir**   se/**ñor**

c. All exceptions to the above have a written accent mark.

s**á**/ba/do   j**ó**/ve/nes   A/d**án**   C**é**/sar   fran/c**és**

Spanish-English Vocabulary

The Spanish-English Vocabulary is intended to be complete for the context of this book.

Nouns are listed in the singular. Regular feminine forms of nouns are indicated by **(-a)** or the ending that replaces the masculine ending: **amigo(-a)** or **consejero(-era)**. Irregular feminine forms of nouns are given in full: **héroe** *m.* hero (*f.* **heroína** heroine). Regular feminine forms of adjectives are indicated by **-a**.

ABBREVIATIONS

adj.	adjective	*irr.*	irregular
aux.	auxiliary	*m.*	masculine
f.	feminine	*pl.*	plural
inf.	infinitive	*sing.*	singular

a to, at; **a menudo** often
abajo below, downstairs
abierto, -a open
abogado(-a) lawyer
abrazar (c) to embrace, to hug
abrazo *m.* hug, embrace
abrigo *m.* overcoat
abrir to open
abuela *f.* grandmother
abuelo *m.* grandfather
abundante abundant
aburrido, -a boring
acabar to finish, to end;
    acabar de to have just
acampar to camp
aceite *m.* oil
acompañar to accompany
aconsejar to advise
acontecimiento *m.* event
acordarse (de) (ue)
    to remember
acostarse (ue) to go to bed
actor *m.* actor
actriz *f.* actress
actuar (ú) to act
acuerdo *m.* agreement;
    estar de acuerdo to agree

acusado(-a) accused
adentro inside
admirar to admire
adorno *m.* decoration
aeropuerto *m.* airport
afeitarse to shave
afuera outside
agotado, -a exhausted,
    out of stock
agradecer (zc) to thank (for)
agua *f.* water
ahora now
ahorrar to save
aire *m.* air; **al aire libre**
    out-of-doors
ala *f.* wing
alcalde(-esa) mayor
alcancía *f.* piggy bank
alcanzar (c) to reach, to attain
alegría *f.* joy
alejar to separate; **alejarse**
    (de) to move away from
alemán, alemana German
alfabeto *m.* alphabet
alfombra *f.* rug, carpet
algo something
algodón *m.* cotton

alguien someone
alguno, -a some
allá (over) there
allí there
almacén *m.* department store
almorzar (ue) (c) to eat lunch
alpinismo *m.* hiking
alpinista *m. & f.* hiker
alto, -a tall; high
alumno(-a) student
amable kind, nice
amapola *f.* poppy
amarillo, -a yellow
ambiente *m.* atmosphere,
    environment; **medio**
    ambiente environment
amiga *f.* friend
amigable friendly
amigo *m.* friend
amistad *f.* friendship
amplio, -a large, ample
añadir to add
anaranjado, -a orange
ancho, -a wide
andar to walk
anfitrión host (*f.* **anfitriona**
    hostess)

anillo *m.* ring
año *m.* year
anoche last night
anteayer day before yesterday
antes de before
antiguo, -a old, ancient
antipático, -a unpleasant
anuncio *m.* announcement
anunciar to announce
apagar (gu) to put out;
   apagarse to shut off
aparecer (zc) to appear
aplaudir to applaud
aplicar to apply
apoyar to support
aprender to learn
apresurarse to hurry
aprisa quickly, rapidly
aprobar (ue) to approve
apunte *m.* annotation, notes
aquí here
árbitro *m.* umpire
árbol *m.* tree
archivar to file
arena *f.* sand
arete *m.* earring
argentino, -a Argentine
argumento *m.* theme, plot
armario *m.* wardrobe, closet
arreglar to arrange, to fix
arriba above, upstairs
arroz *m.* rice
artefacto *m.* artifact
asado, -a roasted
así so, thus; **no es así**
   it's not so
asistir (a) to attend
asombrado, -a surprised,
   amazed, astonished
aspiradora *f.* vacuum cleaner
asunto *m.* matter
asustarse to be frightened
atender (ie) to attend, to help
atleta *m. & f.* athlete
atravesar (ie) to cross
atreverse (a) to dare (to)

atrevido, -a daring
aumento *m.* raise
aunque although
autobús *m.* bus
automóvil *m.* car
avanzado, -a advanced
avenida *f.* avenue
avión airplane
ayer yesterday
ayuda *f.* help
azúcar *m.* sugar
azucena *f.* lily
azul blue

baile *m.* dance
bajo, -a low, short
baloncesto *m.* basketball
banana *f.* banana
bañar to bathe; **bañarse**
   to take a bath, to bathe
banco *m.* bank
banquero(-a) banker
barco *m.* boat, ship
barrio *m.* neighborhood
basura *f.* garbage
batido *m.* shake
bebé *m. & f.* baby
beber to drink
bebida *f.* beverage
beca *f.* scholarship
béisbol *m.* baseball
belgo, -a Belgian
bello, -a beautiful
biblioteca *f.* library
bien well; *m.* good
bienestar *m.* well-being
boca *f.* mouth
bocadillo *m.* sandwich
boda *f.* wedding
boleto *m.* ticket
bolígrafo *m.* ballpoint pen
bolsa *f.* purse
bondadoso, -a kind
bonito, -a pretty
bota *f.* boot
botánico, -a botanic

botón *m.* button
breve brief
brillar to shine
brincar to jump
broma *f.* joke, prank
bruja *f.* witch
brújula *f.* compass
bufanda *f.* scarf
buscar to look for
butaca *f.* armchair
buzón *m.* mailbox

caballo *m.* horse; **montar**
   a caballo to go horseback
   riding
caber *irr.* to fit
cacto *m.* cactus
cada each, every
cadena *f.* chain
caer(se) *irr.* to fall
café *m.* coffee; cafe
calabaza *f.* squash
calculadora *f.* calculator
calentar (ie) to heat
caliente hot
callarse to be silent, to be quiet
calle *f.* street
calor *m.* heat; **hace calor** it is
   hot (weather); **tener calor** to
   be warm
cama *f.* bed
cámara *f.* camera
cambiar to change
camino *m.* road
camión *m.* truck
camiseta *f.* T-shirt
campamento *m.* camp
campaña *f.* campaign
campo *m.* country
canal *m.* (television) channel
canasta *f.* basket
cancha *f.* court (tennis)
canción *f.* song
candidate(-a) candidate
cansado, -a tired
cantante *m. & f.* singer

cántaro *m.* earthen jug;
    llover a cántaros to rain
    hard (cats and dogs)
cara *f.* face
cargar (gu) to carry
caricaturas *f. pl.* comics
caridad *f.* charity
cariño *m.* affection
carne *f.* meat
carnicería *f.* butcher shop
caro, -a expensive
carpeta *f.* (file) folder
carpintero(-era) carpenter
carrera *f.* career; race
carro *m.* car
carrusel *m.* merry-go-round
carta *f.* letter
cartel *m.* poster
cartera *f.* billfold, wallet
casa *f.* house
casarse (con) to marry
castañuelas *f. pl.* castanets
castigar to punish
cebolla *f.* onion
celebración *f.* celebration
celebrar to celebrate
celoso, -a jealous
cena *f.* supper
centro *m.* center, downtown;
    centro comercial mall
cepillarse to brush (one's hair,
    teeth, clothes)
cerca (de) near
cerrar (ie) to close
cesar (de) to stop
champú *m.* shampoo
charlar to chat
chino, -a Chinese
chismoso, -a gossiping
chiste *m.* joke
chofer *m. & f.* driver
cielo *m.* sky
cien (ciento) one hundred
ciencia ficción *f.* science fiction
científico(-a) scientist
cine *m.* movies (movie theater)

circo *m.* circus
círculo *m.* circle
cita *f.* date, appointment
ciudad *f.* city
ciudadano(-a) citizen
clase *f.* class
clásico, -a classic
clavel *m.* carnation
clima *m.* climate
cobrar to charge
cocido, -a cooked
cocinar to cook
cocinero(-a) cook, chef
coco *m.* coconut
coger (j) to seize, to catch
cola *f.* tail, line; **hacer cola**
    to get on line
coleccionar to collect
colgar (ue) (gu) to hang
collar *m.* necklace
colocar (qu) to place
colorear to color
columpio *m.* swing
comedor *m.* dining room
comenzar (ie) (c) to begin
cometer to commit
cómico, -a comical, funny
comida *f.* food; meal
como as; **¿cómo?** how?
compañero(-era) *m.*
    companion, friend
compañía *f.* company
compartir to share
compás *m.* compass
comprar to buy
compras *f. pl.* shopping; **ir de**
    compras to go shopping
comprensivo, -a understanding
computadora *f.* computer
con with
concha *f.* seashell
concluir to conclude
concurso *m.* contest
conducir to drive; conduct
confesar (ie) to confess
confianza *f.* confidence

confiar (í) (en) to rely (on), to
    confide (in)
conocer (zc) to know, to
    become acquainted with
conseguir (i) to get, to obtain,
    to succeed in
consejo *m.* advice
consentido, -a spoiled
consentir (ie) en to consent to
consistir en to consist of
construir to construct, to build
contar (ue) to count; tell
contento, -a content, happy
continuar (ú) to continue
contra against
contrato *m.* contract
contribuir (y) to contribute
convencer (z) to convince
convenir (en) to agree to
convidar to invite, to share
cooperar to cooperate
copa *f.* (wine) glass
corbata *f.* tie
coreano, -a Korean
coro *m.* chorus, choir
corregir (i) (j) to correct
correo *m.* mail; post office
correr to run
correspondencia *f.*
    correspondence
cortar to cut
cortés courteous, polite
cortina *f.* curtain
corto, -a short
cosa *f.* thing
coser to sew
costar (ue) to cost
costarricense Costa Rican
costumbre *f.* habit, custom
creer (y) to believe
criminal criminal
crítica *f.* criticism
crucero *m.* cruise
cruzar to cross
cuaderno *m.* notebook
cuadro *m.* painting

cuál, cuáles which? which one(s)?

cualquier any

cuando when; **¿cuándo?** when?

cuanto, -a as much; **¿cuánto?** how much?; **¿cuántos, -as?** how many?; **¡cuánto, -a ...!** how much ...!

cuarto *m.* room

cubeta *f.* pail, bucket

cubierto *m.* place-setting

cubrecama *m.* bedspread

cucharada *f.* spoonful

cuenta *f.* bill, (restaurant) check

cuento *m.* story

cuero *m.* leather

cuerpo *m.* body

cuidado *m.* care; **tener cuidado** to be careful

cuidadoso, -a careful

cuidar to take care of

cumpleaños *m.* birthday

cumplir to fulfill, to accomplish; **cumplir con la promesa** to keep one's promise

curador(-ora) curator

curar to cure

curso *m.* course

dalia *f.* dahlia

dar to give

dato *m.* fact, data

de of, from

debajo de under, below

deber to have to (should, ought); to owe; *m.* obligation

decidir to decide

decir *irr.* to say; tell

decisión *f.* decision; **tomar una decisión** to make a decision

declamación *f.* declamation, recitation (poetry)

declamar to orate; **declamar un poema** to recite a poem

dedo *m.* finger

defender (ie) to defend

dejar to let, to allow, to leave (behind); **dejar de** to fail to, to stop

delante de in front of, ahead of

demasiado too much, too many

dentista m & *f.* dentist

dependiente *m.* & *f.* sales clerk

deporte *m.* sport

deportista *m.* & *f.* sportsman, sportswoman

deportivo, -a sporty, (related to) sports

derecho, -a right

desaparecer (zc) to disappear

desayunarse to have breakfast

desayuno *m.* breakfast

descansar to rest

descomponer to put out of order

descortés impolite

descubrir to discover

desde since

desempleo *m.* unemployment

desfile *m.* parade

deshacer to undo

despacio slowly

despedirse (i) (de) to take leave (of); say goodbye (to)

despertarse (ie) to wake up, to awaken

después de after

destino *m.* destination

destruir (y) to destroy

detrás (de) behind

deuda *f.* debt

devolver (ue) to return; give back

día *m.* day

diálogo *m.* dialogue

diario *m.* newspaper; **a diario** daily

dibujar to draw

diccionario *m.* dictionary

diente *m.* tooth

difícil difficult

dignidad *f.* dignity

diligente diligent, hard-working

dinero *m.* money

diplomático *m.* diplomat

director(-ora) director; **director(-ora) ejecutivo, -a** executive director

dirigir (j) to direct; **dirigirse (j)** to make one's way toward, to address

disco *m.* record, disc

discoteca *f.* discotheque

disculpa *f.* excuse, apology

diseñar to design

disfrutar to enjoy

disponible available

distinguido, -a distinguished

distinguir to distinguish

distinto, -a different

distraído, -a distracted

distribuir to distribute

diversión *f.* diversion, ride

divertido, -a fun

divertirse (ie) (i) to enjoy oneself, to have fun

dividir to divide

doblar to turn, to fold

docena *f.* dozen

dólar *m.* dollar

doler (ue) to be painful, to hurt, to ache

dolor *m.* pain, ache

domingo *m.* Sunday

donde where; **¿dónde?** where?; **¿de dónde?** (from) where?; **¿a dónde?** (to) where?

dormido, -a asleep

dormir (ue, u) to sleep

dormirse (ue) to fall asleep

dormitorio *m.* bedroom

dote *m. & f.* dowry, natural gift, talent

dramaturgo *m.* dramatist, playwright

ducharse to take a shower

dudar to doubt

dudoso doubtful

dueño(-a) owner

dulce sweet; **dulces** *m. pl.* candy

durante during

durazno *m.* peach

edificio *m.* building

eficaz efficient

egipcio, -a Egyptian

ejemplo *m.* example

ejercer (z) to exert, to exercise, to practice (a profession)

ejercicio *m.* exercise

ejercitarse to exercise

elecciones *f. pl.* elections

electrónico, -a electronic

elegir (i) (j) to elect

embarcarse (qu) to board

emocionate moving, touching, thrilling

empezar (ie) (c) to begin

empleado(-ada) *m.* employee

empresa *f.* firm, business

en in, on; **en seguida** immediately

encantador, -a charming, enchanting

encantar to love

encargado(-a) person in charge

encargarse (de) to take charge (of)

encender (ie) to light, to burn, to put on

encima de on, upon, on top of

encontrar (ue) to find; meet

enero *m.* January

enfadarse to get angry

enfermero(-a) nurse

enfermo, -a sick, ill

enfocar (qu) to focus

enfoque *m.* focus

enfrente de in front of, opposite

enojarse to get angry

enrollar to roll

ensalada *f.* salad

ensayo *m.* rehearsal

enseñar to teach, to show

ensuciar to dirty

entablar to start

entender (ie) to understand

enterado, -a aware

entonces then

entrada *f.* entrance; admission

entre between, among

entregar to deliver, to hand over

entrenador *m.* trainer, coach

entrevista *f.* interview

entrevistar to interview

enviar (í) to send

envolver (ue) to wrap up

envuelto *m.* wrap

época *f.* epoch, era

equipo *m.* team

equivocarse (qu) to be mistaken

escalar to climb

escenario *m.* scenery

escoba *f.* broom

escoger (j) to choose

escolar school

esconder to hide

escribir to write

escritorio *m.* desk

escuchar to listen to

escudo *m.* shield, coat of arms

escuela *f.* school

escultura *f.* sculpture

eso that

espacio *m.* space

espada *f.* sword

español, -ola Spanish

espantar to frighten; scare

esparcir to spread

espectáculo *m.* show

espejo *m.* mirror

esperar to wait, to hope

esposa *f.* wife

esquí *m.* ski; **el esquí acuático** water ski

esquiar to ski

estación *f.* train station, season

estacionar to park

estadio *m.* stadium

estado *m.* state

estante *m.* shelf

estar *irr.* to be

estrecho, -a narrow

estrella *f.* star

estrenar to open (a movie, a play)

estricto, -a strict

estudiante *m. & f.* student

estudio *m.* study

estufa *f.* stove

etiqueta *f.* label

étnico, -a ethnic

examen *m.* examination, test

excursión *f.* trip, excursion

exigir (j) to demand

éxito *m.* success

exótico, -a exotic

experiencia *f.* experience

explicar to explain

explorador(-ora) Boy/Girl Scout

extinguir to extinguish

fábrica *f.* factory

fácil easy

faltar to be lacking, to need

familia *f.* family

familiar familial

famoso, -a famous

fanático(-a) fan

fantasma *m.* ghost

farmacia *f.* pharmacy

fascinar to love

fecha *f.* date

feliz happy

feroz ferocious
fiesta *f.* party
fin *m.* end; **fin de semana** weekend; **por fin** finally, at last
firmar to sign
flor *f.* flower
folleto *m.* flyer
forma *f.* form, shape
fotografía *f.* photograph
fragancia *f.* fragrance
francés, -esa French
frente a facing, across from
fresa *f.* strawberry
fresco *m.* cool; **hacer fresco** to be cool (weather)
fresco, -a fresh
frío *m.* cold; **hacer frío** to be cold (weather); **tener frío** to be cold
fruta *f.* fruit
frutería *f.* fruit shop
fuerte strong
función *f.* function
fútbol *m.* soccer; football

galleta *f.* cracker; **galletita** cookie
gana *f.* desire; **tener ganas de** to feel like
ganador(-ora) winner
gastar to spend
gasto *m.* expense
gato *m.* cat
gazpacho *m.* cold soup of various vegetables
gemelo(-a) twin
generación *f.* generation
gente *f.* people
gerente *m. & f.* manager
globo *m.* balloon
gol *m.* goal
gozar (c) to enjoy
grabación *f.* recording
gracias thanks
gracioso, -a cute, adorable

graduarse (ú) to graduate
grande big, large
granja *f.* farm
gritar to shout
grueso, -a thick
guante *m.* glove
guapo, -a handsome
guardar to keep
guardarropas *m.* checkroom
guía *m. & f.* guide
guiar (í) to guide, to drive (a vehicle)
gustar to please
gusto *m.* pleasure

haba *f.* bean
hábil skillful, clever, capable
hablador, -ora talkative
hablar to speak
hacer to make, to do; **hacer falta** to need something; **hacerse** to become
hacia toward
hambre *f.* hunger; **tener hambre** to be hungry
harina *f.* flour
helado *m.* ice cream
herido, -a wounded, injured
hermana *f.* sister
hermano *m.* brother; *pl.* brothers, brothers and sisters
hija *f.* daughter
hijo *m.* son; *pl.* sons, children
historia *f.* history, story
historieta *f.* story; *pl.* comics
hoja *f.* leaf
holandés, -esa Dutch
hombre *m.* man
hondo, -a deep
hora *f.* hour
hornear to bake
hoy today
hueso *m.* bone
huevo *m.* egg
huir (y) to flee

humildad *f.* humility

idioma *m.* language
iglesia *f.* church
igualdad *f.* equality
ilustrado, -a illustrated
imagen *f.* image
imitar to imitate
impaciente impatient
impedir (i) to prevent
impermeable *m.* raincoat
importar to care about something, to mind
impresionante impressionable
impuesto *m.* tax
incluir (y) to include
incómodo, -a uncomfortable
influir (y) to influence
informática *f.* computer science
informativo, -a informative
ingeniero(-a) engineer
inglés, -esa English
inscribirse (en) to register
insistir (en) to insist on
interés *m.* interest
interesante interesting
interesar to be interested in something
intérprete *m. & f.* interpreter
introvertido, -a introverted
inundación *f.* flood
invierno *m.* winter
invitado(-a) guest
ir *irr.* to go; **ir de compras** to go shopping; **irse** to leave, to go away
irlandés, -esa Irish
isla *f.* island
italiano, -a Italian
izquierdo, -a left

jabón *m.* soap
jamón *m.* ham
jardín *m.* garden
jardinero(-era) gardner
jaula *f.* cage

jefe *m.* chief, head
joven young; *m. & f.* young person
joyería *f.* jewelry
juego *m.* game
jueves *m.* Thursday
jugada *f.* play
jugador(-ora) player
jugar (ue) to play (a sport or game)
jugo *m.* juice
juguete *m.* toy
juguetón(-ona) playful
junta *f.* meeting
junto, -a together

lado *m.* side; **al lado de** next to, alongside
lago *m.* lake
lamentar to be sorry about, to regret
lámpara *f.* lamp
lana *f.* wool
lancha *f.* boat
lanzar (c) to throw
lápiz *m.* pencil
largo, -a long
lástima *f.* pity, shame; **es una lástima** it's a pity (shame)
lastimar to hurt
latín *m.* Latin (language)
latino, -a Latin
lavar to wash; **lavarse** to wash oneself
lección *f.* lesson
lechuga *f.* lettuce
leer (y) to read
lejos (de) far (from)
lengua *f.* tongue, language
lento, -a slow; **lentamente** slowly
letra *f.* letter, lyrics
levantar to raise; **levantarse** to get up
ley *f.* law
libre free

limpio, -a clean
linterna *f.* lantern
listo, -a ready; **estar listo, -a** to be ready; **ser listo, -a** to be clever
llamada *f.* call
llamarse to be named, called
llanta *f.* tire (car)
llave *f.* key
llegada *f.* arrival
llegar (gu) to arrive
llover (ue) to rain
locutor(-ora) announcer
lograr to succeed in
luchar to fight
luego then
lugar *m.* place
lunes *m.* Monday

madera *f.* wood
madre *f.* mother
madrina *f.* godmother; maid of honor (wedding)
maduro, -a mature, ripe
maestro(-a) teacher
mal *m.* evil
maleta *f.* suitcase
malgastar to waste
mañana *f.* morning; **de la mañana** A.M.; tomorrow
mandar to send, to order
manera *f.* way, means; **de manera...** in a . . . way
mano *f.* hand; **dar la mano** to shake hands
mantenimiento *m.* maintenance
mantequilla *f.* butter
manzana *f.* apple
mapa *m.* map
maquillarse to put on makeup
máquina *f.* machine
mar *m. & f.* sea
maratón *m.* marathon
marcador *m.* marker
marcar to dial

marcharse to leave, to go away
mareo *m.* seasickness; dizziness
marinar to marinate
más more
matemáticas *f. pl.* mathematics
materia *f.* subject
mayor older, greater
mecánico(-a) mechanic
medalla *f.* medal
medianoche *f.* midnight
médico(-a) doctor
medio, -a half
medir (i) to measure
mejor better
mejorar to improve
melón *m.* melon
menor younger, lesser
mensaje *m.* message
mentir (ie, i) to lie
mercado *m.* market
mercancía *f.* merchandise
merecer (zc) to deserve
mermelada *f.* jam, jelly
mes *m.* month
mesa *f.* table
mesero(-a) server (*restaurant*)
meter to put
metro *m.* subway
mezclar to mix
microondas *m. sing. & pl.* microwave oven
miedo *m.* fear; **tener miedo (de)** to fear, to be afraid (of)
milla *f.* mile
mirar to look at
mismo, -a same
mochila *f.* backpack, knapsack
moda *f.* fashion, style
moderno, -a modern
modista *m. & f.* dressmaker
modo *m.* way; **de modo...** in a . . . way
montaña *f.* mountain
montar to ride (a bicycle, horse)
morder (ue) to bite

morir (ue, u) to die
mostrar (ue) to show
motocicleta *f.* motorcycle
mover (ue) to move
muchacha *f.* girl
muchacho *m.* boy
mucho, -a many
mueble *m.* piece of furnitiure
mujer *f.* woman
multiplicar to multiply
mundo *m.* world; **todo el mundo** everyone
muñeca *f.* doll
museo *m.* museum
músico(-a) musician; *f.* music

nacer (zc) to be born
nada nothing, (not) anything
nadar to swim
nadie no one, nobody, (not) anyone
naranja *f.* orange
natación *f.* swimming
naturaleza *f.* nature
navegar to navigate, to sail
necesitar to need
negar (ie) (gu) to deny; **negarse a** to refuse to
negocio *m.* business
negro, -a black
nervioso, -a nervous
nevar (ie) to snow
ni... ni neither . . . nor; not . . . either . . . or
nieto *m.* grandson; *pl.* grandsons, grandchildren
niñez *f.* childhood
ninguno, -a no, none, (not) any
nivel *m.* level
noche *f.* night
nombre *m.* name
noticia *f.* news
novela *f.* novel
novia *f.* girlfriend
novio *m.* boyfriend

nublado cloudy; **estar nublado** to be cloudy
nuevo, -a new
numeroso, -a numerous
nunca never, (not) ever

objeto *m.* object
obra *f.* work; **obra de teatro** play
obrero(-a) worker, laborer
ocupado, -a busy, occupied
oficina *f.* office
ofrecer (zc) to offer
oír *irr.* to hear
ojalá... God grant . . ., Would that . . .
ojo *m.* eye
ola *f.* wave
oliva *f.* olive
olvidarse de to forget to
opuesto, -a opposite
orilla *f.* shore
oro *m.* gold
orquídea *f.* orchid
oscuridad *f.* darkness
oscuro, -a dark
osito *m.* little bear; **osito de peluche** stuffed bear
oso *m.* bear
otoño *m.* fall, autumn
otro, -a other

padre *m.* father; *pl.* parents
país *m.* country
paisaje *m.* landscape
pájaro *m.* bird
palomitas *f. pl.* popcorn
pan *m.* bread
panadería *f.* bakery
pánico *m.* panic
pantalón *m.* pants, trousers
paquete *m.* package
par *m.* pair
para for
paraguas *m.* umbrella
parasol *m.* umbrella

parecer (zc) to seem
pariente *m. & f.* relative
parque *m.* park; **parque de atracciones** *m.* amusement park
parrilla *f.* grill
parte *f.* part
participante *m. & f.* participant
partido *m.* game
pasado, -a past; **el año pasado** last year
pasajero(-a) passenger
pasatiempo *m.* hobby, pastime
pasearse to take a walk
paseo *m.* walk; **dar un paseo** to take a walk
paso *m.* step
pastel *m.* cake
pastelería *f.* pastry shop
patín *m.* skate
patinar to skate
patrón *m.* pattern
pavo *m.* turkey
payaso(-a) clown
paz *f.* peace
pedazo *m.* piece
pedir (i) to ask for; request; order (food); **pedir prestado** to borrow
peinarse to comb (one's hair)
peine *m.* comb
pelear to fight
película *f.* film
peligroso, -a dangerous
pelo *m.* hair
pelota *f.* ball
pena *f.* trouble
pensamiento *m.* thought
pensar (ie) to think; to intend
peor worse
pequeño, -a small
pera *f.* pear
perder (ie) to lose
perdurar to last, to endure
perezoso, -a lazy

perfecto, -a perfect
perfil *m.* profile
periódico *m.* newspaper
periodista *m. & f.* journalist
permanecer (zc) to remain
permiso *m.* permission
permitir to permit, to allow
pero but
perro *m.* dog
perseguir (i) (g) to pursue
persona *f.* person
personaje *m.* character
pertenecer (zc) to belong
pesa *f.* weight, dumbbell
pescar to fish
picante spicy
picar to chop, to mince
pie *m.* foot; **a pie** on foot
pierna *f.* leg
pieza *f.* piece
piloto *m. & f.* pilot
pimienta *f.* pepper
pimiento *m.* pimento, pepper
piña *f.* pineapple
pincel *m.* paintbrush
pintor(-ora) painter
pintoresco, -a picturesque
pintura *f.* painting
pisapapeles *m. sing. & pl.*
  paperweight
piscina *f.* swimming pool
piso *m.* floor
plata *f.* silver
plátano *m.* plantain
plato *m.* plate, dish
playa *f.* beach
pluma *f.* pen
pobre poor
poder (ue) to be able, can
podrir(se) to rot
poesía *f.* poetry, poem
poeta *m.* poet
poetisa *f.* poetess
policía *m. & f.* police officer;
  f. police force
politico(-a) politician

pollo *m.* chicken
poner to put, to place; **poner
  la mesa** to set the table;
  ponerse to put on, to
  become
por for
porcelana *f.* porcelain
porque because; **¿por qué?**
  why?
portátil portable
portugués, -esa Portuguese
postre *m.* dessert
práctica *f.* practice
practicar to practice
precio *m.* price
precolombino Pre-Columbian
predilecto, -a favorite
preferir (ie) (i) to prefer
pregunta *f.* question
premio *m.* prize
prenda *f.* article (clothing)
preocupado, -a worried
preocuparse to be worried
presentarse to introduce
préstamo *m.* loan
prestar to loan; **prestar
  atención** to pay attention
primavera *f.* spring
primero, -a first
primo(-a) *m.* cousin
principal principal, main
prisa *f.* haste, promptness;
  tener prisa to be in a hurry
probar (ue) to prove; try; test
problema *m.* problem
producir (zc) to produce
profundo, -a deep
programa *m.* program
prohibir to forbid
promesa *f.* promise
prometer to promise
pronóstico *m.* forecast,
  prediction
pronto soon
pronunciar to pronounce
propio, -a own

proponer to propose
propósito *m.* goal, purpose
próspero, -a prosperous
protagonista *m. & f.* main
  character
proteger (j) to protect
próximo, -a next
proyecto *m.* project
público *m.* public, audience
pueblo *m.* town
puente *m.* bridge
puerta *f.* door
puerto *m.* port
puesto *m.* stand, booth; *adj.*
  put, set
pulsar to press
pulsera *f.* bracelet
punto *m.* point; **punto de vista**
  m. point of view
puntual punctual
puro, -a pure

que that; **¿qué?** what?,
  which?; **¡qué…!** what . . . !.
  what a ...!, how ...!
quedar to remain; **quedarse
  (en)** to stay, to remain;
  quedarle a uno to have left
quehacer *m.* chore
queja *f.* complaint
quejarse to complain
querer (ie) to want; wish; love
queso *m.* cheese
quien who; **¿quién?** who?;
  ¿a quién (-es)? whom?, to
  whom?; **¿con quién (-es)?**
  with whom?; **¿de quién
  (-es)?** whose?, of whom?
química *f.* chemistry
quiosco *m.* kiosk, stand, booth
quitar to remove, to take away

rábano *m.* radish
rápido, -a rapid, fast; **rápidamente** rapidly, quickly
raqueta *f.* racket

rascacielos *m.* skyscraper

rato *m.* time; **pasar un buen rato** to have a good time

ratoncito *m.* mouse

real royal

rebajar to reduce

rebanada *f.* slice; **hacer rebanadas** to slice

recado *m.* message

receta *f.* recipe, prescription

recibir to receive

reciclaje *m.* recycling

recipiente *m.* container

recoger (j) to pick up, to gather

recomendar (ie) to recommend

reconocer (zc) to recognize

recordar (ue) to remember

recorrer to pass over or through

recuerdos *m. pl.* souvenirs

red *f.* net

reducir (zc) to reduce

referir (ie, i) to tell; narrate

refresco *m.* refreshment, soda

regalo *m.* gift, present

regar (ie) (gu) to water, to irrigate

régimen *m.* diet; regime

regla *f.* rule

reír(se) (í) to laugh

relámpago *m.* lightning

reloj *m.* watch, clock

remar to row

remedio *m.* remedy; **no hay más remedio** it can't be helped

reñir (i) to quarrel; scold

reparación *f.* repair

reparar to repair

reparto *m.* cast

repetir (i) to repeat

reseña *f.* review

resfriarse (í) to catch a cold

respetar to respect

respirar to breathe

responder to answer, respond

responsabilidad *f.* responsibility

responsable responsible

respuesta *f.* answer

restar to subtract

resultado *m.* result

retrato *m.* portrait

reunión *f.* meeting

reunirse to meet

revelar to reveal, to develop (film)

revisar to revise, to look over

revista *f.* magazine

rey *m.* king

rezar (c) to pray

rico, -a rich

rifar to raffle

rígido, -a rigid, strict

río *m.* river

rogar (ue) (gu) to beg

rojo, -a red

rollo *m.* roll

rompecabezas *m.* puzzle

romper to break

ropa *f.* clothing

ruido *m.* noise

ruso, -a Russian

rústico, -a rustic

rutina *f.* routine

sábado *m.* Saturday

saber *irr.* to know

sabroso, -a delicious, flavorful

sacapuntas *m. sing. & pl.* pencil sharpener

sacar to take out; **sacar fotografías** to take pictures

saco *m.* bag

sacudir to dust

sal *f.* salt

salir *irr.* to go out, to leave

salsa *f.* sauce

salud *f.* health

saludar to greet

saludo *m.* greeting

salvaje savage, wild

salvavidas *m. & f., sing & pl.* lifeguard

sano, -a healthy

santo, -a saint

sastrería *f.* tailor shop

secarse to dry oneself

secretario(-a) secretary

secundario, -a secondary; **escuela secundaria** *f.* high school

sed *f.* thirst; **tener sed** to be thirsty

seda *f.* silk

seguir (i) (g) to follow, to pursue, to continue

según according to

segundo, -a second

semana *f.* week

sembrar (ie) plant

señal *f.* signal

sencillo, -a simple

señor *m.* man

señora *f.* lady

sentarse (ie) to sit down

sentido *m.* sense

sentir (ie, i) to be sorry; feel

septiembre *m.* September

ser *irr.* to be

serio, -a serious

serpiente *f.* snake

servir (i) to serve

siempre always

siesta *f.* nap

significar to mean

siguiente following; **al día siguiente** on the next day

silbar to whistle

silla *f.* chair

sillón *m.* chair

simpático, -a nice, pleasant

sin without; **sin embargo** nevertheless

sindicato *m.* union

sinfonía *f.* symphony

sitio *m.* place

situar (ú) to place, to locate

smoking *m.* tuxedo
sobras *f. pl.* leftovers
sobre *m.* envelope
sobre on top of, over
sobrino *m.* nephew; *pl.* nephews; nieces & nephews
socio(-a) member
sol *m.* sun; **hacer sol** to be sunny
soler (ue) to be accustomed to
solo, -a alone
sombra *f.* shade
sombrilla *f.* umbrella
sonar (ue) to sound
soñar (ue) to dream
sonido *m.* sound
sonreír(se) (í) to smile
sopa *f.* soup
sorpresa *f.* surprise
sótano *m.* basement
subir to go up; climb; raise
suceso *m.* event
sucio, -a dirty
sueldo *m.* salary
sueño *m.* dream, sleep; **tener sueño** to be sleepy
suerte *f.* luck; **tener suerte** to be lucky
suéter *m.* sweater
sugerir (ie) to suggest
sumar to add
suplicar to implore, to beg
suscribir to subscribe
sustituir (y) to substitute

tabla *f.* board
tal such
talla *f.* size
taller *m.* workshop
también also
tambor *m.* drum
tampoco neither, not either
tanto as much, as many; **no es para tanto** it's not such a big deal
tapete *m.* mat

tapiz *m.* tapestry
tardar en to be long in, to delay in
tarde *f.* afternoon; late; **de la tarde** P.M.
tarea *f.* assignment, chore, task
tarjeta *f.* card
té *m.* tea
teatro *m.* theater; **teatro infantil** children's theater
techo *m.* roof
tecnología *f.* technology
tela *f.* fabric
telefónico, -a telephonic
telefonista *m. & f.* telephone operator
teléfono *m.* telephone
telenovela *f.* soap opera
televisor *m.* television set
temblar (ie) to tremble; shake
temprano early
tener *irr.* to have; **tener lugar** to take place
tenis *m.* tennis
tercero, -a third
terminar to finish, to end
tesoro *m.* treasure
tía *f.* aunt
tiburón *m.* shark
tiempo *m.* time; weather
tienda *f.* store, tent
tierno, -a tender
tierra *f.* land
tímido, -a timid, shy
tina *f.* (bath)tub
tío *m.* uncle (*f.* aunt)
título *m.* title
toalla *f.* towel
tocar (qu) to touch, to play (a musical instrument)
tocino *m.* bacon
todavía still, yet
todo, -a all
toledano, -a Toledan
tomar to take
tomate *m.* tomato

torre *f.* tower
trabajador, -a hard-working
trabajar to work
trabajo *m.* work
traducir (zc) to translate
traer *irr.* to bring
tráfico *m.* traffic
traje *m.* suit; **traje de baño** bathing suit
tranquilo, -a tranquil, calm
tránsito *m.* traffic
tratar de to try to
travieso, -a naughty, mischievous
tren *m.* train; **tren subterráneo** subway
triángulo *m.* triangle
tribunal *m.* court
triste sad
trofeo *m.* trophy
tulipán *m.* tulip
tumba *f.* tomb

último, -a last
universidad *f.* university
usar to use; to wear
útil useful; **útiles** *m. pl.* school supplies
uva *f.* grape

vacaciones *f. pl.* vacation
valer to be worth
valor *m.* value
variar (í) to vary
varios, -as various
vaso *m.* glass
vecino(-a) neighbor
vencer (z) to conquer, to defeat
vendedor(-ora) *m.* seller, vendor
vender to sell
venir *irr.* to come
venta *f.* sale
ventana *f.* window

ver to see, to watch
verano *m.* summer
verdad *f.* truth
verde green
verdura *f.* vegetable
vestido *m.* dress
vestir(se) (i) to dress; to dress (oneself)
vez *f.* time; **a veces** sometimes; **tal vez** perhaps; **de vez en cuando** from time to time
viajar to travel

viaje *m.* trip; **hacer un viaje** to travel
vida *f.* life
videojuego *m.* video game
viento *m.* wind; **hacer viento** to be windy
viernes *m.* Friday
visita *f.* visit
visitar to visit
volante *m.* shuttlecock; **juego del volante** badminton
volar (ue) to fly

voleibol *m.* volleyball
volver (ue) to return
vuelo *m.* flight

ya already; **ya no** no longer
yoga *m.* yoga

zanahoria *f.* carrot
zapato *m.* shoe